中国电力造价咨询行业年度发展报告

2017

中电联电力发展研究院　编著

中国市场出版社

·北京·

图书在版编目（CIP）数据

中国电力造价咨询行业年度发展报告 . 2017 / 中电
联电力发展研究院编著 . —北京：中国市场出版社，
2017.12

ISBN 978-7-5092-1617-0

Ⅰ.①中… Ⅱ.①中… Ⅲ.①电力工程－咨询业－研
究报告－中国－ 2017 Ⅳ.① F426.61

中国版本图书馆 CIP 数据核字（2017）第 264006 号

中国电力造价咨询行业年度发展报告 2017
ZHONGGUO DIANLI ZAOJIA ZIXUN HANGYE NIANDU FAZHAN BAOGAO 2017

作　　者	中电联电力发展研究院
责任编辑	许　慧
编辑邮箱	xu_hui 1985@126.com
出版发行	中国市场出版社 China Market Press

地　　址	北京市西城区月坛北小街 2 号院 3 号楼	**邮政编码**	100837

电　　话　编辑部（010）68012468　读者服务部（010）68022950
　　　　　　发行部（010）68021338　68020340　68053489
　　　　　　　　　　68024335　68033577　68033539
　　　　　　总编室（盗版举报）（010）68020336

印　　刷	河北鑫兆源印刷有限公司	**规　　格**	210 毫米 ×285 毫米
印　　张	7.75	**开　　本**	16
书　　号	ISBN 978-7-5092-1617-0	**版　　次**	2017 年 12 月第 1 版
字　　数	145 千字	**印　　次**	2017 年 12 月第 1 次印刷
定　　价	158.00 元		

《中国电力造价咨询行业年度发展报告2017》
编 委 会

主 审　杨　昆

副主审　沈维春

顾 问　尹贻林

审查人　（以姓氏笔画为序）

王振鑫　甘　羽　左晓文　田恩东　刘　薇

李　斌　李国胜　李哲非　张兴旺　张慧翔

陈　洁　陈福彪　熊晓霞

主 编　周　霞

副主编　奚　杰　杨立杰

编 委　（以姓氏笔画为序）

王　培　王　翔　王松松　王艳波　王晓云

王维军　任雅茹　李　强　张　超　孟大博

闻柠永　徐万启　高　天　郭立贤　谈永国

前　言

　　《中国电力造价咨询行业年度发展报告》是中国电力企业联合会系列年度发展报告之一，是综合反映电力造价咨询行业和企业发展现状的专题报告，自2015年首次发布以来，受到了行业企业及社会各界的关注。

　　《中国电力造价咨询行业年度发展报告2017》（以下简称《报告2017》）在统计行业企业2016年发展经营指标的基础上，以典型企业和相关机构提供的资料为补充，分析电力工业改革发展的新形势和电力造价咨询行业实际情况，力求全面、精炼、客观反映行业发展现状。

　　《报告2017》共五章、三个专题，重点分析了2016年度电力造价咨询行业的政策法规环境、市场环境、企业经营现状及发展趋势等，并对企业发展壮大路径、开拓海外市场等热点问题进行了专题探讨。

　　我们真诚希望《中国电力造价咨询行业年度发展报告》能够为政府加强宏观管理、制定产业政策提供支撑，为促进电力造价咨询行业的健康可持续发展发挥积极作用，为企业甄别市场发展机遇、应对挑战提供策略参考。

　　本报告在资料收集、数据分析等方面难免存在欠缺和错漏，敬请读者谅解并指正。报告撰写得到了各电力造价咨询企业、发电企业、电网企业、高校院所等单位及专家学者的大力支持和帮助，在此一并表示衷心感谢！

编委会
2017年8月

目　录

第一章 综 述

2016 年是国民经济"十三五"规划实施的开局之年，也是电力体制改革纵深推进之年。电力行业深入贯彻落实党中央、国务院的决策部署，以市场化改革为统领，以结构优化为着眼点，极大地促进了我国电力工业持续健康发展。以五大发展理念为指引，大力转变电力发展方式，积极推进供给侧结构性改革，电力发展和改革取得了新的成绩。与此同时，在电力过剩和环境硬约束的双重压力下，电力工业发展也面临着诸多新的挑战和要求。电力造价咨询行业作为电力建设的服务性行业，其生存发展与电力工业发展局势息息相关。面对机遇与挑战并存的形势，我国电力造价咨询行业积极适应经济新常态，努力发掘和开拓业务新领域，不断提高服务质量，积极推进工程计价制度改革，保持了行业整体健康平稳发展。

一、电力工业发展实现电力"十三五"良好开局

2016 年，国家发展改革委、国家能源局印发了《电力发展"十三五"规划（2016—2020 年）》，为"十三五"期间电力改革与发展勾画出了清晰的路径和蓝图，明确了绿色发展主调，加快了我国电力工业向现代能源体系转型升级的进程。

电源结构与布局持续优化 2016 年，电力行业以推进供给侧结构性改革为主线，大力推进结构优化和产业升级，重点推进"三去一降一补"，并把化解过剩产能、处置国企"僵尸企业"和开展特困企业专项治理作为改革的重中之重。国家发展改革委、国家能源局连续发布《关于促进我国煤电有序发展的通知》《关于进一步做好煤电行业淘汰落后产能的通知》等文件严控煤电产能。在政策与市场双重调控作用下，电源结构与布局进一步优化。截至 2016 年年底，我国非化石能源发电装机占全国总装机的 36.6%，较 2015 年提高了 1.7 个百分点；水电、风电、太阳能发电装机分别达到 3.3 亿千瓦、1.5 亿千瓦、0.8 亿千瓦，均居世界第一位；非化石能源发电量同比增长 12.7%，占全年发电量的 29.4%，较 2015 年提高了 2 个百分点；煤电投资同比下降 4.7%，煤电净增装机较 2015 年减少 1154 万千瓦，煤电装机容量同比增长 5.3%，增速较 2015 年下降近 2 个百分点。

电网建设力度进一步加大 2016 年电网优化配置资源能力大幅度提升，电网投资同比增长 16.9%，主要是配电网建设改造和新一轮农村电网改造升级力度进一步加大。配电网投资同比增长 32.8%，占电网总投资的 57.4%。全年投产 4 条特高压线路，包括宁东至浙江绍兴、锡盟至山东、淮南至上海、蒙西至天津南。全国完成跨

区送电 3611 亿千瓦时，同比增长 6.9%，较 2015 年提高了 4.1 个百分点。其中，增长主要来源于西北地区新能源、西南地区水电外送电量的增长。跨区送电量的增长绝大部分是通过特高压外送实现，特高压在实现大范围资源优化配置、消纳西北新能源及西南水电方面发挥了重要作用。

电力市场化改革纵深推进 自 2015 年《关于进一步深化电力体制改革的若干意见》（中发〔2015〕9 号）发布实施以来，国家有关部门围绕全面深化电力体制改革出台了一系列政策和措施，电力市场化改革不断纵深推进。2016 年，全国包括省内直接交易在内的市场化交易电量突破 1 万亿千瓦时，占全社会用电量的 19%。其中，省内直接交易电量接近 8000 亿千瓦时，同比增长 85%，为电力用户释放了大量改革红利。已有 21 个省（自治区、直辖市）开展了电力体制改革综合试点，9 个省（自治区、直辖市）和新疆生产建设兵团开展了售电侧改革试点，3 个省（自治区）开展了可再生能源就近消纳试点，形成了以综合试点为主、多模式探索的格局。

二、工程造价行业发展方向明确，改革深入推进

《工程造价行业"十三五"规划》为"十三五"期间工程造价行业发展指明了方向 2016 年住房与城乡建设部标准定额司印发《工程造价行业"十三五"规划（征求意见稿）》，明确以"健全市场决定工程造价机制，建立与市场经济相适应的工程造价监督管理体系、工程计价依据体系，完善工程造价信用体系和工程计价活动监管机制，加强工程造价专业队伍建设"为发展目标。

工程造价咨询行政审批制度改革进一步推进 根据住房和城乡建设部印发的《住房城乡建设部关于进一步推进工程造价管理改革的指导意见》（建标〔2014〕142 号），2016 年广东省住建厅率先印发《广东省住房和城乡建设厅关于做好暂时停止实施部分企业资质行政许可后续监管工作的通知》，鼓励行业协会开展社会信用评价和行业自律管理，释放出行业改革行动信号，明确暂停对造价咨询乙级和暂定级资质、物业企业二级及以下资质、城乡规划乙级和丙级资质、招标代理乙级和暂定级资格、监理乙级和丙级资质等行政许可的后续监管工作，并分别交给相应协会负责。

三、电力工程计价标准体系进一步与市场接轨

电力工程造价与定额管理总站结合电力工程计价依据的特点先后制定并发布《电力工程计价依据适应营业税改征增值税调整过渡实施方案》和《电力工程计价依据营业税改增值税估价表》，保证了营业税改征增值税在电力工程计价中实现平稳过渡和顺利实施。鉴于 20kV 及以下配电网工程建设快速增长的现实需要，为规范电力建设工程投资行为，保证计价依据的市场适用性，国家能源局对《电力建设工程工

程量清单计价规范》《20kV 及以下配电网工程定额及费用计算标准》进行了修订。

四、行业自律与服务不断完善

行业信用体系建设进一步完善　2016 年，中国电力企业联合会（以下简称中电联）在制定《电力企业信用评价规范》（DL/T 1381-2014）、《电力行业供应商信用评价规范》（DL/T 1383-2014）等行业标准的基础上，补充制定了售电企业及电力大用户两类专业信用评价指标体系（试行），并广泛征求了各电力企业的意见，同时编制了《电力企业信用信息采集指南》行业标准，并开展 2016 年电力行业信用信息采集及信用评价工作。在电力体制改革的大背景下，积极推进信用评价分支机构建设，目前已设立华东、山西、山东、福建等 15 个分支机构。中国建设工程造价管理协会（以下简称中价协）以制度建设、开展信用评价和信用平台建设三个方面为抓手，稳步推进工程造价行业信用体系建设工作，起草了《工程造价行业信用指导意见》，为完善行业自律制度建设，制订了《会员执业违规行为惩戒暂行办法》以及配套的惩戒细则，与《造价工程师职业道德守则》和《造价咨询企业行业行为守则》等作为惩戒办法的依据，形成行业自律制度体系。

行业服务不断丰富　2016 年中电联继续以"规范行业行为、强化职业操守、反映企业诉求、培养行业人才"为己任，为企业和电力造价人员提供热情服务。继续做好电力行业工程造价咨询企业甲级资质管理服务以及千余名电力行业造价工程师执业资格注册、延续、变更等管理服务工作；以满足电力造价咨询行业不同业务水平人员岗位技能的实际需求为主要目的，先后举办电力技经各专业各类宣贯、职业技能上岗、高级技经管理系列培训，为企业人才培养提供服务平台，增加行业人才知识储备；以促进电力造价咨询行业交流合作与信息共享为目标，继续完善中国电力造价咨询行业微信服务平台建设，丰富平台信息，打造电力行业专业交流服务基地；组织召开了以"创新引领，转型发展"为主题的 2016 年电力工程造价咨询单位工作年会暨电力造价高峰论坛，并发布了《2016 年度电力造价咨询行业发展报告》，通过行业深度交流与合作，达到了维护竞争公平、促进信用经营、推动国际合作、加强技术交流、强化人才培养的效果，积极推进电力造价咨询行业健康持续发展。

五、电力造价咨询企业经营状况稳中向好，未来机遇与挑战并存

行业发展水平不断提高　2016 年电力造价咨询行业总体收入、利润以及人员数量较 2015 年均有所增加，但上升势头趋缓；相比于全国造价咨询行业，电力造价咨询行业人均产值高于全国造价咨询行业平均水平，但差距逐年减小。

新形势、新技术催生新服务模式　集中式的智能电网与分布式能源网络相互结

合互动，电力生产和消费模式的革新和新技术的不断发展，将推动造价咨询市场服务产品的迭代更新。大数据、云计算和 BIM 技术的兴起与全面推广，实现了工程造价资料的共享和交换，将不断扩充并延伸咨询市场服务产业链，催生造价咨询行业开启新的服务模式和方向。全球能源互联网的构建将极大地带动智能电网、特高压、新能源等技术的发展，形成经济发展新的增长极，为"一带一路"建设打造新引擎，为我国电力"走出去"提供更加广阔的前景，同时也为电力咨询行业带来新的发展空间。

咨询市场竞争日益加剧 我国经济发展单位 GDP 能耗水平持续下降，基本建设投资规模和建设速度日益稳健、理性。全国电力供需形势总体宽松，电力建设投资规模回落，电力装备业和电力建设行业面临调整压力，造价咨询业务量需求增长放缓。此外，一些工民建等建筑行业的咨询服务企业进一步向电力造价咨询市场涌入，电力造价咨询企业的潜在竞争对手增加。市场服务需求总量的降低和竞争对手的增多将加剧电力造价咨询行业竞争。

新需求挑战企业传统业务模式 基于互联网和大数据技术的云造价和 BIM 技术将有效提高计价服务质量、降低服务成本、提高咨询工作效率，将工程造价行业推向新的高度，同时也对电力咨询企业的服务创新能力提出了更高的要求。在能源技术大变革的背景下，煤炭清洁利用技术、可持续能源、智慧能源、分布式能源、电力储能、能源互联网、特高压、柔性直流以及新的用电方式将是电力技术发展的主要创新方向，新的能源技术革新将会带来新的建设投融资模式和建设管理模式，这对咨询企业人员业务能力及知识储备提出了更高的要求。相较国外而言，我国造价咨询行业服务范围相对单一，附加值较低，大部分企业不能根据市场的变化情况为业主或施工方提供决策信息服务以及项目全过程造价咨询服务。借力"一带一路"和"全球能源互联网"战略，电力"走出去"无论从合作范围还是合作深度都将稳步提升，"走出去"不只是技术产品走出去，同时也是服务走出去，需要大量的标准对接和制度对接，这无疑对工程造价咨询企业提出了新的要求，对咨询专业人员的涉外业务能力提出新的挑战。

第二章 电力工业发展概况

第一节 电力供需形势

一、电力消费情况

2016 年全国全社会用电量 59747 亿千瓦时，同比增长 4.9%，增速比上年提高 4.0 个百分点。夏季持续大范围高温天气、2015 年同期基数偏低、实体经济运行呈现出稳中趋好迹象是 2016 年增速明显提高的主要原因。在国家推进去产能政策、基建投资快速增长、房地产和汽车市场回暖等综合影响下，建材、黑色和有色金属冶炼等重要生产资料价格总体呈上升态势，主要产品产量增速逐步提高；此外，交通运输电气电子设备、通用及专用设备制造业等装备制造，以及文体用品制造业、木材加工及家具制品业等大众消费品业增速也逐步上升，共同支撑全社会用电量保持较快增长。2011—2016 年全社会用电量及其增速情况如图 2-1 所示。

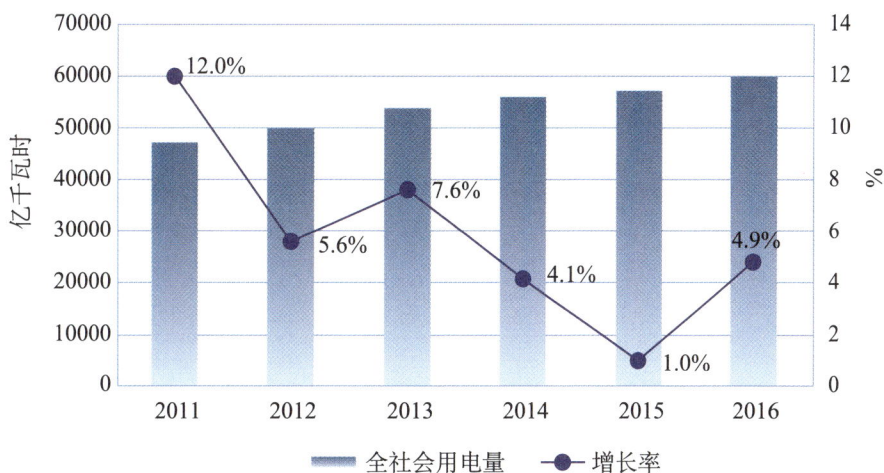

图 2-1 2011—2016 年全社会用电量及其增速情况

从电力消费结构看，第一、第二、第三产业及城乡居民生活用电量占全社会用电量的比重分别为 1.8%、71.3%、13.3% 和 13.5%。与上年相比，第三产业和城乡居民生活用电量占比均提高 0.7 个百分点；第二产业占比降低 1.5 个百分点，其中四大高耗能行业占全社会用电量比重降低 1.5 个百分点，可见，第二产业用电占比下降全部因高耗能行业下降所致。从用电增长动力看，第二产业、第三产业和城乡居民生活用电量分别拉动全社会用电量增长 2.1、1.4 和 1.4 个百分点；第二产业中的四大高耗能行业对全社会用电量增长拉动为零，全社会用电量增长的主要动力从前些年的传统高耗能行业，持续向服务业、生活用电、新兴技术行业及大众消费品业转换。2016 年电力消费结构与 2015 年对比情况如图 2-2 所示。

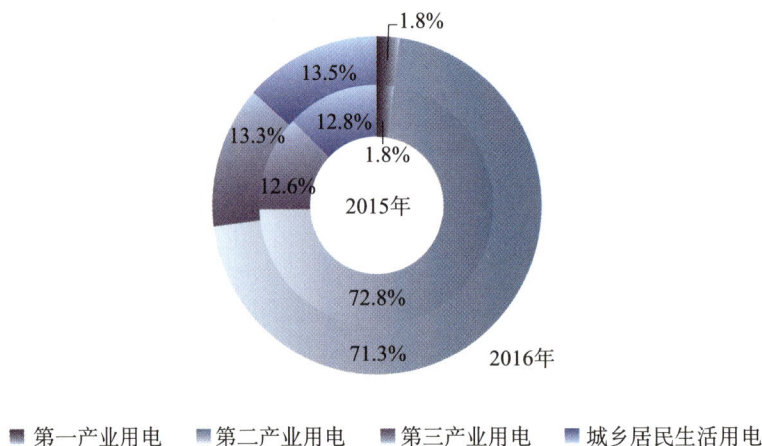

图 2-2　2016 年电力消费结构与 2015 年对比情况

二、电力供应情况

（一）发电装机情况

截至 2016 年年底，全国发电装机容量 165051 万千瓦，同比增长 8.2%，增速比上年回落 2.4 个百分点。2016 年全国总装机容量、火电装机容量以及水电、风电、太阳能发电等非化石能源发电装机容量均居世界第一位。2011—2016 年全国发电装机容量及同比增速情况如图 2-3 所示。

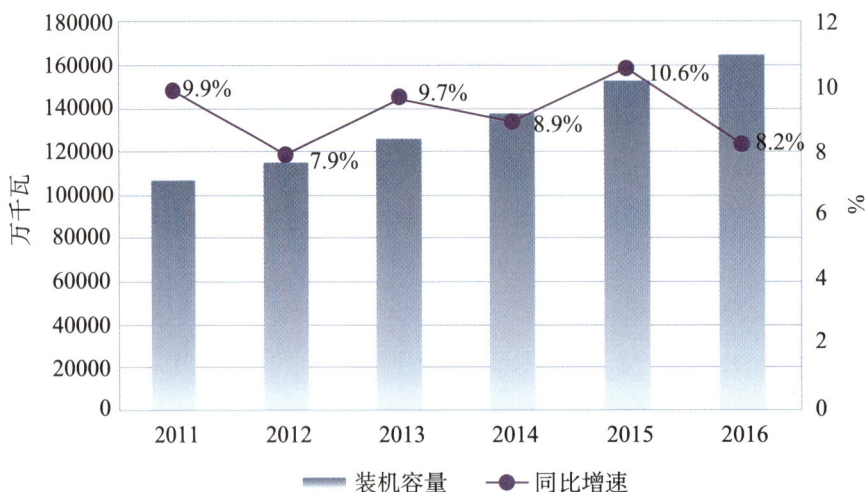

图 2-3　2011—2016 年全国发电装机容量及同比增速情况

电力行业控制投资节奏、优化投资结构的效果开始显现,我国能源结构加速调整优化。火电装机容量占总发电装机容量比重为64.3%,较2015年下降1.6个百分点;太阳能发电装机占比为4.6%,比重较上年提高1.8个百分点。非化石能源发电装机容量占比为36.5%,比重较上年提高1.7个百分点。2015年、2016年全国全口径发电装机容量结构情况如图2-4所示。

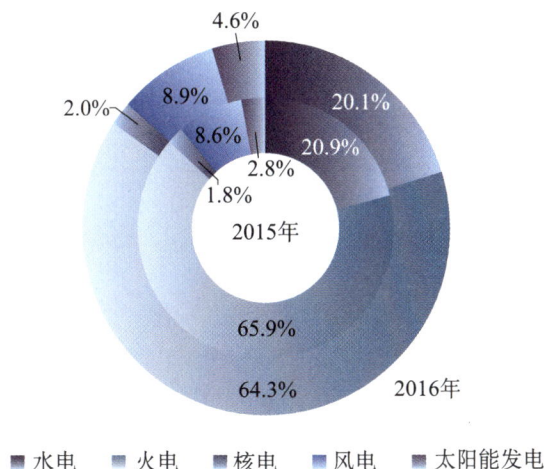

图2-4 2015年、2016年全国全口径发电装机容量结构情况

(二)电网规模及跨区输送情况

截至2016年年底,全国电网35千伏及以上输电线路回路长度175.6万千米,同比增长3.5%。其中,220千伏及以上输电线路回路长度64.5万千米,同比增长5.9%。全国电网35千伏及以上变电设备容量63.0亿千伏安,同比增长10.5%,其中220千伏及以上变电设备容量36.9亿千伏安,同比增长9.7%。2016年特高压电网建设项目陆续投产,输电线路回路长度及变电设备容量均呈现较大增幅。2016年全国35千伏及以上输电线路回路长度及变电设备容量情况见表2-1。

分省份看,全国共有15个省份的220千伏及以上输电线路回路长度超过2万千米,分别是江苏、内蒙古、四川、河北、广东、山东、湖北、河南、云南、浙江、辽宁、山西、新疆、安徽和湖南,其中江苏、内蒙古、四川、河北、广东和山东分别达到4.0万、3.9万、3.5万、3.5万、3.2万和3.2万千米,这些省份基本都是电力消费大省或电力输送、交换大省。全国共有15个省份的220千伏及以上变电设备容量超过1亿千伏安,分别是江苏、广东、浙江、山东、河北、四川、河南、内蒙古、辽宁、湖北、上海、山西、福建、安徽和云南,比上年年底增加了福建和云南2个省份,其中江苏和广东分别达到3.3亿千伏安和3.0亿千伏安。

表 2-1　2016 年全国 35 千伏及以上输电线路回路长度及变电设备容量情况

电压等级		输电线路回路长度		变电设备容量	
		长度（千米）	增长率（%）	容量(万千伏安)	增长率（%）
35 千伏以上合计		1756141	3.5	629982	10.5
220 千伏及以上全部电压等级		645310	5.9	369194	9.7
其中	1000 千伏	7245	132.7	9900	73.7
	±800 千伏	12295	16.2	4882	53.5
	750 千伏	17968	14.7	13570	25.1
	±660 千伏	1334	−0.2		
	500 千伏	179414	5.6	134695	10.2
	其中：±500 千伏	13539	14.0	17567	15.6
	±400 千伏	1640	0		
	330 千伏	28366	5.8	12219	4.6
	220 千伏	397050	4.5	193928	6.0

全国电网跨区输送能力方面，我国电网已实现除台湾省以外的全国联网，全年跨区输电线路新增西北电网向华东电网送电的宁东—浙江 ±800kV 特高压直流工程，新增跨区输电能力 800 万千瓦。截至 2016 年年底，全国跨区输电能力达到 8095 万千瓦。其中，交直流联网跨区输电能力 6751 万千瓦，跨区点对网送电能力 1344 万千瓦。

在与港澳及邻国联网方面，中国内地与香港、澳门联网，为香港、澳门特别行政区送电。中国分别与俄罗斯、蒙古、越南、缅甸和老挝等国实现了跨国输电线路互联和电量交易。在大湄公河次区域，缅甸电厂以 1 回 500 千伏、2 回 220 千伏线路送电中国；中国以 3 回 220 千伏、3 回 110 千伏线路供电越南；中国以 1 回 115 千伏线路供电老挝。中国东北电网与俄罗斯远东电网建成了 3 条输电通道；中国新疆通过 35 千伏、内蒙古西部通过 220 千伏和 110 千伏输电线路与蒙古国实现一定规模的电力交易。

中国与俄罗斯、蒙古、越南和缅甸等周边国家跨国电力交易能力超过 200 万千瓦，电网跨境配置资源能力初步显现。

第二节　电力建设投资

一、投资规模

（一）电源工程

2016 年全国电源工程建设投资 3408 亿元[1]，同比下降 13.4%，创 2010 年以来最低水平，电源工程建设投资持续下降，一方面受电力需求增速放缓的影响，另一方面也是供给侧结构性改革、电力行业去产能等宏观调控政策有效落实和实施的结果。2011—2016 年电源工程建设投资情况如图 2-5 所示。

图 2-5　2011—2016 年电源工程建设投资情况

分类型看，受水电大规模集中投产、新开工规模较少等因素影响，全年水电投资 617 亿元，投资规模连续四年下降；火电工程建设完成投资 1119 亿元，同比下降 3.8%；核电工程建设投资完成 504 亿，同比下降 10.8%；风电工程建设投资 927 亿元，同比下降 22.8%，是近五年来首次出现下降；太阳能发电完成投资 241 亿元，同比增长 10.4%，实现连续三年持续增长。2015 年、2016 年电源工程分类型建设投资情况如图 2-6 所示，完成投资占比情况如图 2-7 所示。

---

[1]　纳入中电联统计口径的 26 家大型发电企业为：华能集团、中国大唐集团公司、中国华电集团公司、中国国电集团公司、国家电力投资集团公司、中国长江三峡集团公司、神华集团有限责任公司、中国核工业集团公司、中国广核集团有限公司、广东省粤电集团有限公司、浙江省能源集团有限公司、北京能源投资（集团）有限公司、申能股份有限公司、河北省建设投资集团有限公司、华润电力控股有限公司、国投电力控股股份有限公司、新力能源开发有限公司、甘肃省电力投资集团公司、安徽省皖能股份有限公司、江苏省国信资产管理集团有限公司、江西省投资集团有限公司、广州发展集团有限公司、深圳能源集团股份有限公司、黄河万家寨水利枢纽有限公司、中铝宁夏能源集团公司、山西国际电力集团有限公司。

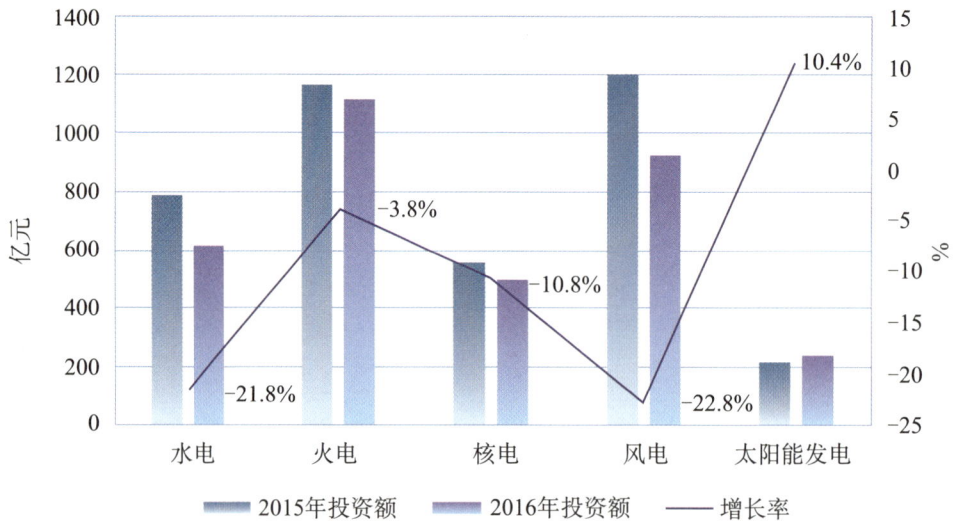

图 2-6 2015 年、2016 年电源工程分类型建设投资情况

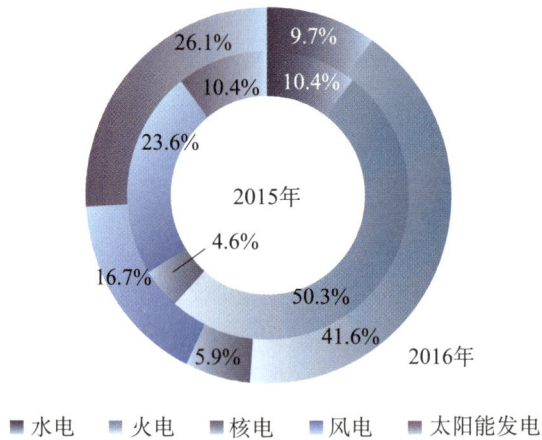

图 2-7 2015 年、2016 年电源工程分类型建设投资占比情况

2016 年除华北区域投资比上年增长 3.0% 外，其他区域投资均有所下降。就投资比重而言，华北、南方区域投资规模最大，占全国比重均超 20%，其中华北区域投资占比较 2015 年提高了 3.3 个百分点；就投资额下降幅度而言，西北及南方地区降幅较大，均超过 20%，其中西北区域同比下降了 29.8%，其主要原因是西北区域以火电、风电投资为主，受国家严控煤电投资建设政策影响较大。2015 年、2016 年电源工程分区域建设投资情况如图 2-8 所示。

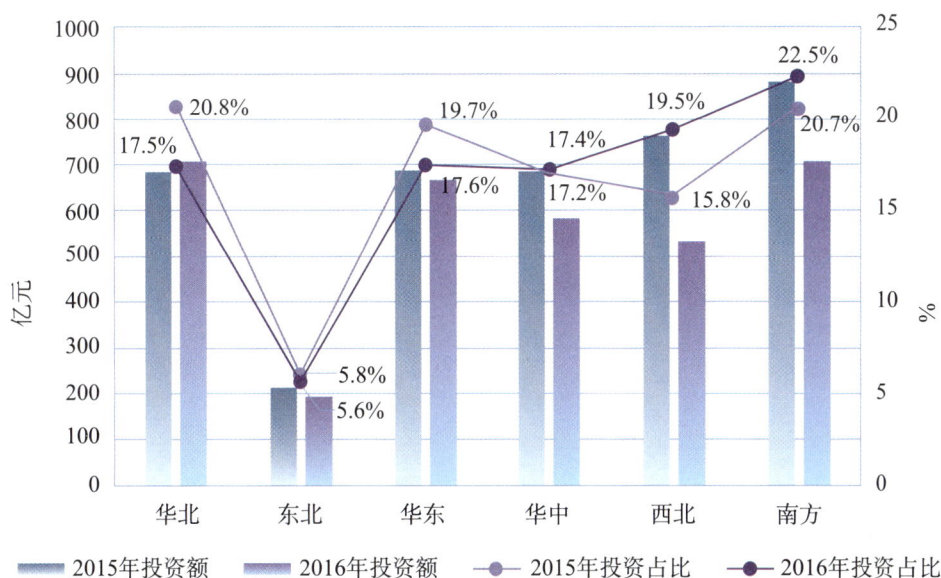

图 2-8 2015 年、2016 年电源工程分区域建设投资情况

（二）电网工程

2016 年电网工程建设投资完成 5431 亿元，投资规模连年扩大，且首次超过 5000 亿元，同比增长 17.1%，投资增速连续 4 年提高。2011—2016 年电网工程建设投资情况如图 2-9 所示。

图 2-9 2011—2016 年电网工程建设投资情况

近年来随着新一轮农网升级改造工程的全面启动，2016 年配电网投资成为电网投资的重点，完成投资 3117 亿元，同比增长 32.8%，拉动全国电网投资增长 16.6 个百分点。2011—2016 年配电网工程建设投资情况如图 2-10 所示。

220 千伏及以上等级电网工程完成投资 2132 亿元，同比增长 2.9%。其中除

±800 千伏、±1100 千伏及 1000 千伏等级完成投资同比增长外，其他电压等级完成投资同比均有所下降。2015 年、2016 年 220 千伏及以上电网工程建设投资情况如图 2-11 所示。

图 2-10　2011—2016 年配电网工程建设投资情况

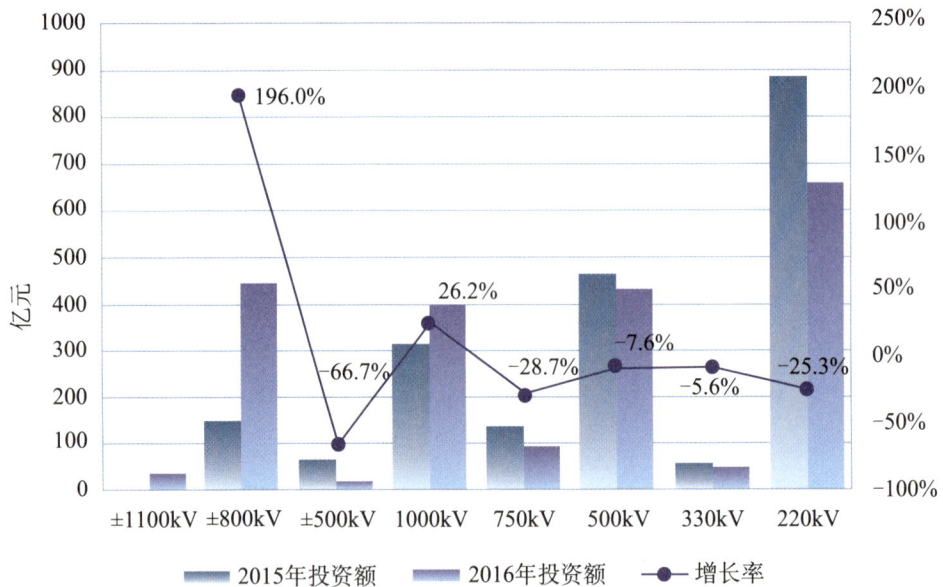

图 2-11　2015 年、2016 年 220 千伏及以上电网工程建设投资情况

2016 年各区域电网投资均有不同程度增加，其中国网总部、东北和华中区域投资增速较大，均超过 20%。淮东—皖南特高压直流工程、扎鲁特—青州特高压直流工程、锡盟—山东 1000 千伏特高压交流输变电工程等特高压项目相继开工建设，带动了国网总部及华中区域投资增速的大幅提高。投资额较大的区域为华北、华中和华东区域，投资规模均超过 1000 亿元；华东、西北和南方区域投资规模占全国投资比重有所下降。2015 年、2016 年电网工程分区域建设投资情况如图 2-12 所示。

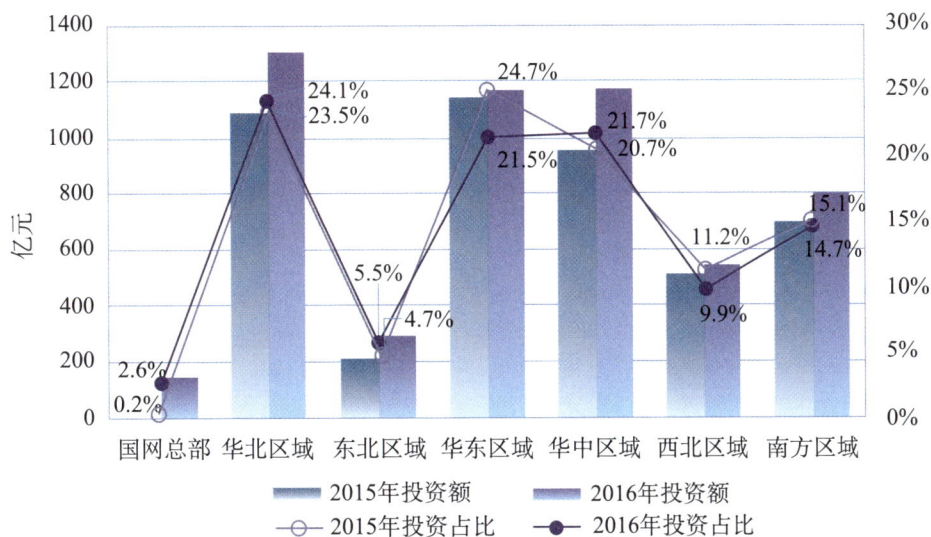

图 2-12　2015 年、2016 年电网工程分区域建设投资情况

二、建设规模

（一）电源工程

2016 年，全国电源基建新增装机容量 12143 万千瓦，同比少投产 1041 万千瓦，2016 年全国基建新增发电装机容量情况如图 2-13 所示。其中，火电、风电新增分

图 2-13　2016 年全国基建新增发电装机容量情况

别为 5048 万千瓦和 2024 万千瓦,新增规模同比大幅下降;水电新增 1179 万千瓦,同比下降 196 万千瓦;核电新增 720 万千瓦,同比减少 108 万千瓦;太阳能发电新增 3171 万千瓦,新增规模同比大幅增加,新能源风电和太阳能发电合计新增装机所占比重已超火电新增规模所占比重。2015 年、2016 年分类型基建新增规模情况如图 2-14 所示。

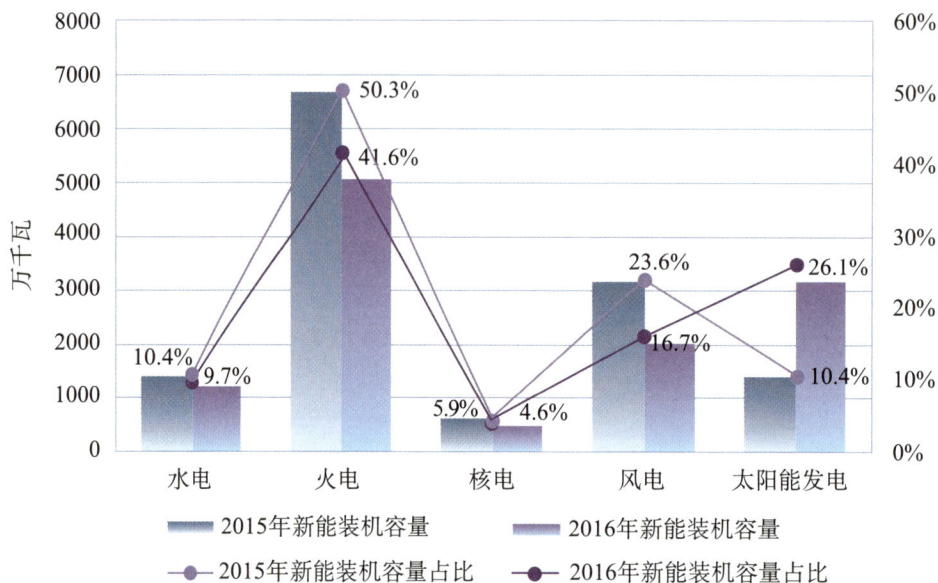

图 2-14　2015 年、2016 年分类型基建新增规模情况

(二)电网工程

2016 年,全国 110 千伏及以上新增交流工程输电线路长度 56679 千米,比上年下降 0.8%。其中,110 千伏、750 千伏新增线路长度分别同比上升 5.1% 和 10.6%;220 千伏、330 千伏及 500 千伏分别同比下降 22.5%、29.4% 和 6.2%。直流工程新增线路 3391 千米(2015 年无新增)。

2016 年,全国直流工程新增换流容量 3240 万千瓦,同比增加 2990 万千瓦;新增交流 110 千伏及以上变电设备容量 34585 万千伏安,同比增长 17.5%。从电压等级看,特高压及 110 千伏新增规模增加较多,电网"两头薄弱"问题得到一定缓解。2016 年全国新增交流输电线路规模见表 2-2。

表 2-2　2016 年全国新增交流输电线路规模

类型	容量(万千瓦、万千伏安)	长度(千米)
总　计	34585	56679
1000 千伏	5100	4252

续表

类型	容量（万千瓦、万千伏安）	长度（千米）
750 千伏	1860	1813
500 千伏	7715	6931
330 千伏	480	1525
220 千伏	9239	17088
110 千伏（含 66 千伏）	10191	25070

三、国际工程建设与投资

（一）电力对外投资

2016 年，我国电力企业在 52 个"一带一路"沿线国家开展投资业务，实际完成对外投资 77.9 亿美元，同比增长 168.7%，电力对外投资项目共计 65 项，其中实际完成投资额超过 3000 万美元的重大项目 37 项，同比增加 14 项。截至 2016 年年底，中国电力企业对外投资总额累计突破 390 亿美元，投资方式以 BOT/BOOT/BOO 模式为主，并积极探索股权并购、绿地投资及其他投资方式。2011—2016 年 3000 万美元及以上对外投资项目情况如图 2-15 所示。

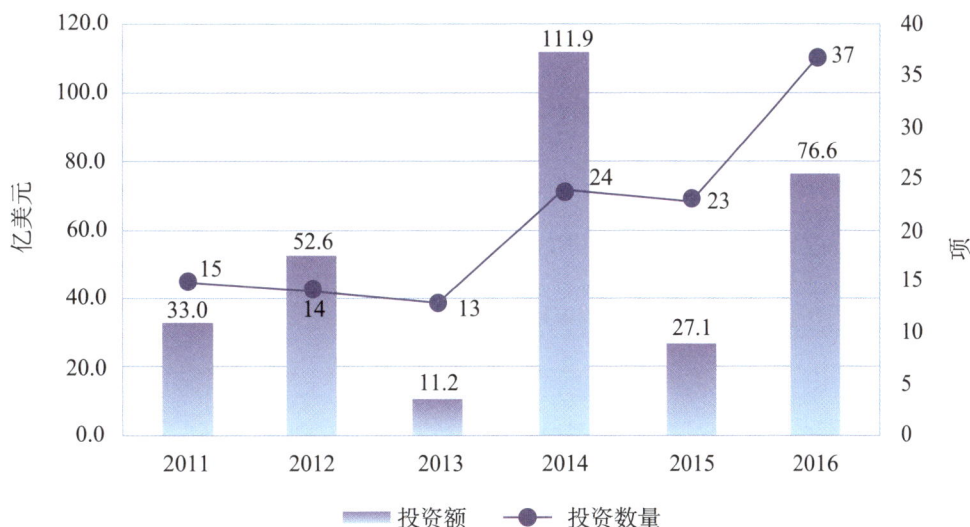

图 2-15 2011—2016 年 3000 万美元及以上对外投资项目情况

（二）对外承包工程市场开拓

2016 年，电力企业对外承包工程在建项目 1691 个；在建项目合同额累计 1610.7 亿美元，同比增长约 4.1%；新签合同额合计 488.5 亿美元，同比增长约 3.5%。

美国工程新闻纪录（ENR）公布的 2016 年全球最大 250 家国际承包商榜单中，65 家中国企业榜上有名，与 2015 年持平。其中，电力企业有 10 家入围，较 2015 年新增 2 家。2015 年、2016 年入选国际承包商 250 强的中国电力企业见表 2-3。

表 2-3　2015 年、2016 年入选国际承包商 250 强的中国电力企业

序号	企业名称	2016 年排名	2015 年排名
1	中国电力建设集团有限公司	11	11
2	中国葛洲坝集团股份有限公司	45	44
3	中国水利电力对外公司	74	74
4	哈尔滨电气国际工程有限责任公司	88	—
5	中国东方电气集团有限公司	107	72
6	中国中原对外工程有限公司	109	110
7	上海电气集团股份有限公司	114	94
8	中国电力技术装备有限公司	128	—
9	中国能源建设集团天津电力建设公司	166	138
10	中国电力工程顾问集团有限公司	236	234

第三节　工程造价水平

一、电源工程

（一）燃煤发电工程

2016 年，燃煤发电工程单位造价同比略有上涨，主要原因是受建筑工程费和其他费用上涨的影响。建筑工程材料中钢筋价格由 2015 年的 2060 元 / 吨上涨到 2960 元 / 吨，同比上涨 43.7%。安装工程费和设备购置费略有下降，汽轮机和发电机的价格与上年基本持平，锅炉的价格呈现下降趋势。2015 年、2016 年燃煤发电工程单位造价变化情况如表 2-4 所示，2015 年、2016 年锅炉、汽轮机、发电机价格变化情况如表 2-5 所示。

表 2-4　2015 年、2016 年燃煤发电工程单位造价变化情况

机组容量	机组种类	单位造价（元/千瓦）		2016 年与上年比变化率
		2015 年	2016 年	
2×35 万千瓦	超临界	3975	3986	0.3%
2×66 万千瓦	超超临界	3414	3445	0.9%
2×100 万千瓦	超超临界	3156	3163	0.2%

表 2-5　2015 年、2016 年锅炉、汽轮机、发电机价格变化情况

单位：万元/台

设备名称	350MW 机组			660MW 机组			1000MW 机组		
	2015 年	2016 年	变化率	2015 年	2016 年	变化率	2015 年	2016 年	变化率
锅炉	13800	12500	−9.4%	30500	28300	−7.2%	48000	46000	−4.2%
汽机	6500	6500	0	15500	15500	0	20000	20000	0
发电机	4300	4300	0	7500	7500	0	12500	12500	0

（二）燃气—蒸汽联合循环电站工程

2016 年燃气—蒸汽联合循环电站工程单位工程造价水平略有下降。设备及原材料价格比上年有所下降，致 2×18 万千瓦等级（9E 级）、2×30 万千瓦等级（9F 级）燃气—蒸汽联合循环电站新建工程单位造价水平同比均下降 0.4%。分布式能源（热电冷三联供）单位造价 10483 元/千瓦。2015 年、2016 年燃气—蒸汽联合循环电站工程单位造价变化情况如表 2-6 所示。

表 2-6　2015 年、2016 年燃气—蒸汽联合循环电站工程单位造价变化情况

机组容量和种类	单位造价（元/千瓦）		2016 年与上年比变化率
	2015 年	2016 年	
2×30 万千瓦等级，9F 级	2565	2555	−0.4%
2×18 万千瓦等级，9E 级	3064	3052	−0.4%
分布式能源（热电冷三联供）	—	10483	—

（三）非化石能源发电工程

2016 年水电工程平均单位造价较上年有所下降，约为 10989 元/千瓦，同比下降 2.5%。由于容量等级、地理条件、功能划分等因素的差异，不同电压等级工程单位造价水平相差较大，其中最低单位造价为 8600 元/千瓦，最高单位造价为 18000

元 / 千瓦。

核电工程概算单位造价较上年有所上涨，约为 19161 元 / 千瓦，同比增长 6.0%；太阳能发电工程单位造价水平中，集中式光伏发电平均单位造价水平 8393 元 / 千瓦，同比上升 0.8%，分布式光伏发电平均单位造价水平 7531 元 / 千瓦，同比上升 4.8%；2016 年垃圾发电平均单位概算造价约为 23322 元 / 千瓦，同比下降 1.2%。2015、2016 年非化石能源发电工程单位造价变化情况如表 2-7 所示。

表 2-7　2015 年、2016 年非化石能源发电工程单位造价变化情况

工程类别	单位造价（元 / 千瓦）		2016 年与上年比变化率
	2015 年	2016 年	
水电	11272	10989	-2.5%
核电（中核集团数据）	18083	19161	6.0%
集中式光伏发电	8326	8393	0.8%
分布式光伏发电	7186	7531	4.8%
垃圾发电	23605	23322	-1.2%

风电工程单位造价水平中，单机容量 3MW 海上风电平均单位造价 16800 元 / 千瓦，单机容量 4MW 海上风电平均单位造价 14500 元 / 千瓦；陆上风电平均单位造价 7695 元 / 千瓦，因单机容量、地区、地形等条件的不同，陆上风电单位造价差异较大。2016 年风电单位造价情况如表 2-8 所示。

表 2-8　2016 年风电单位造价情况

单位：元 / 千瓦

单机容量	陆上风电			海上风电	
	平原	山区	高原	单机容量 3MW	单机容量 4MW
1500 千瓦	7193	7240	7997		
2000 千瓦	7318	7737	8194	16800	14500
2500 千瓦	7561	8060	—		

二、电网工程

（一）输电线路工程

2016 年，电网输电线路不同电压等级工程平均单位造价水平总体呈上涨趋势。主要原因有三：一是钢材、木材、汽油、柴油等大宗材料价格较 2015 年均呈现上涨趋势；二是工程建设场地征用及清理费用提高；三是大截面导线的采用相应地影响了塔重、增加了其他工程量。2015 年、2016 年输电线路工程单位造价变化情况如表 2-9 所示。

表 2-9　2015 年、2016 年输电线路工程单位造价变化情况

电压等级	单位造价（万元／千米）		2016 年与上年比变化率
	2015 年	2016 年	
一、交流架空输电线路工程			
110 千伏	56.6	66.0	16.6%
220 千伏	75.2	94.3	25.4%
330 千伏	87.3	106.0	21.5%
500 千伏	176.2	236.3	34.1%
750 千伏	240.7	270.8	12.5%
1000 千伏	500.7	671.1	34.0%
二、直流架空输电线路工程			
±800 千伏	342.4	387.6	5.7%
三、交流电缆工程			
35 千伏	284.5	305.5	7.4%
110 千伏	531.9	555.3	4.4%
220 千伏	1440.8	1501.9	4.3%

注：输电线路工程单位造价均已折算为单回线路的千米造价。

（二）变电站工程

2016 年，新建变电站工程单位造价呈下降趋势。主要原因是设备购置费较上年有所下降，其中主变压器、高压电抗器价格下降 5%～14%，柱式、罐式、GIS 断路器价格下降 3%～15%。2015 年、2016 年新建变电站工程单位造价变化情况如表 2-10 所示。

表 2-10　2015 年、2016 年新建变电站工程单位造价变化情况

电压等级	变电站容量	断路器型式	单位造价（元／千伏安）		2016 年与上年比变化率
			2015 年	2016 年	
110 千伏	1×4 万千伏安	国产 GIS 设备	264.4	258.8	-2.1%
		SF6 断路器	290.6	286.5	-1.3%
	2×5 万千伏安	国产 GIS 设备	327.3	330.5	1.0%

电压等级	变电站容量	断路器型式	单位造价（元／千伏安）		2016 年与上年比变化率
			2015 年	2016 年	
220 千伏	2×6.3 万千伏安	国产 GIS 设备	－	247.3	－
		SF6 断路器	－	280.7	－
	2×18 万千伏安	柱式断路器	242.9	241.4	−0.7%
	2×24 万千伏安	柱式断路器	－	222.8	－
		GIS 组合电器	202.5	200.4	−1.1%
		GIS、智能化	218.8	214.1	−2.2%
330 千伏	2×36 万千伏安	GIS、智能化	232.2	230.9	−0.6%
	1×75 万千伏安	柱式断路器	221.1	219.4	−0.8%
500 千伏	2×100 万千伏安	缩式断路器	130.2	130.0	−0.1%
		GIS、智能化	139.5	134.5	−3.6%
		HGIS 组合电器	137.8	135.5	−1.7%
750 千伏	1×210 万千伏安	罐式断路器	259.9	256.3	−1.4%
1000 千伏	2×300 万千伏安	GIS 组合电器	316.0	307.8	−2.6%

（三）换流站工程

2016 年 ±800 千伏换流站工程单位造价呈现小幅下降（2016 年 ±500 千伏换流站无投产工程）。2016 年新建直流换流站工程单位造价变化情况如表 2-11 所示。

表 2-11　2016 年新建直流换流站工程单位造价变化情况

电压等级	变电站容量	断路器型式	单位造价（元／千伏安）		2016 年与上年比变化率
			2015 年	2016 年	
±800 千伏	800 万千瓦	户外 GIS	560.1	551.3	−1.6%

第三章 电力造价咨询行业管理与服务

第一节 政策及标准

一、法律法规及标准

2016 年颁布及修改的与电力造价咨询行业相关的法律法规及政策文件总计 18 部，颁布、修订电力工程计价标准 4 套，发布价格调整文件信息 7 次。2016 年颁布及修改的电力相关法律法规见表 3-1。

表 3-1　2016 年颁布及修改的电力相关法律法规

名称	文号	政策 / 标准要点
（一）法规文件		
国务院关于修改部分行政法规的决定	国令第 666 号	对 66 部行政法规的部分条款予以修改
国务院关于取消一批职业资格许可和认定事项的决定	国发〔2016〕68 号	取消 114 项职业资格许可和认定事项
国务院关于取消一批职业资格许可和认定事项的决定	国发〔2016〕35 号	取消 47 项职业资格许可和认定事项
国务院关于取消一批职业资格许可和认定事项的决定	国发〔2016〕5 号	取消 61 项职业资格许可和认定事项
国务院关于印发清理规范投资项目报建审批事项实施方案的通知	国发〔2016〕29 号	进一步简化、整合投资项目报建手续，清理规范的投资项目报建审批事项共计 65 项
能源行业信用体系建设实施意见（2016—2020 年）	国能资质〔2016〕350 号	以安全生产领域、工程建设领域、节能环保领域、交易领域、统计领域、企业管理领域为重点领域加快推进能源行业信用体系建设，重点加强法律法规、制度建设、信用信息归集和共享交换体系建设，推进信用信息公开与使用，完善信用评价体系，加强以信用为核心的市场监管，调动社会力量参与行业信用体系建设和强化信用教育与信用文化建设
国务院办公厅关于加强个人信用体系建设的指导意见	国办发〔2016〕98 号	充分发挥政府在个人信用体系建设中的组织、引导、推动和示范作用，健全个人信息法律法规、规章制度和标准规范，以重点领域、重点人群为突破口，推动建立各地区各行业个人信用记录机制
关于推进电能替代的指导意见	发改能源〔2016〕1054 号	提高电能占终端能源消费比重，提高电煤占煤炭消费比重，提高可再生能源占电力消费比重，降低大气污染物排放，落实能源发展战略行动计划及大气污染防治行动计划

名称	文号	政策/标准要点
国务院办公厅关于清理规范工程建设领域保证金的通知	国办发〔2016〕49号	全面清理各类保证金，对保留的投标保证金、履约保证金、工程质量保证金、农民工工资保证金推行银行保函制度，建筑业企业可以银行保函方式缴纳，严格工程质量保证金管理
国务院办公厅转发国家发展改革委关于"十三五"期间实施新一轮农村电网改造升级工程意见的通知	国办发〔2016〕9号	实施新一轮农村电网改造升级工程，提出以加快新型小城镇、中心村电网和农业生产供电设施改造升级、稳步推进农村电网投资多元化、加快城乡电力服务均等化进程等为重点任务，并提出政策措施和组织保障
国家发展改革委关于印发《可再生能源发展"十三五"规划》的通知	发改能源〔2016〕2619号	可再生能源发展"十三五"规划
国家能源局关于取消一批不具备核准建设条件煤电项目的通知	国能电力〔2016〕244号	取消一批不具备核准条件的煤电项目
国家能源局关于印发《风电发展"十三五"规划》的通知	国能新能〔2016〕314号	风电发展"十三五"规划
国家能源局关于印发《生物质能发展"十三五"规划》的通知	国能新能〔2016〕291号	生物质能发展"十三五"规划
国家能源局关于印发《太阳能发展"十三五"规划》的通知	国能新能〔2016〕354号	太阳能发展"十三五"规划
人力资源社会保障部办公厅关于做好取消部分技能人员职业资格许可认定事项后续工作的通知	人社厅发〔2016〕182号	对取消部分技能人员职业资格许可认定事项后续工作做出了相关规定
住房城乡建设部办公厅关于做好取消甲级造价咨询企业资质和注册造价工程师执业资格初审事项的后续衔接工作的通知	建办标〔2016〕10号	在相关部门规章和规范性文件修订颁布之前，各省级住房城乡建设主管部门受理企业资质和个人执业资格申报材料，暂按照现有申报途径报送住建部，但不出具初审意见；造价咨询企业资质延续、变更工作程序仍按《住房城乡建设部办公厅关于甲级工程造价咨询企业资质审核有关事项的通知》（建办标〔2015〕20号）执行
住房城乡建设部关于印发《建设工程定额管理办法》的通知	建标〔2016〕230号	提高建设工程定额科学性，规范定额编制和日常管理工作，针对定额体系计划、修改修订、发布管理等予以明确规定
（二）标准规范		
电力工程计价依据适应营业税改征增值税调整过渡实施方案	定额〔2016〕9号	为保证营业税改征增值税在电力工程计价中实现平稳过渡，结合电力工程计价依据的特点，针对现行电力工程计价依据进行调整以适应营业税改征增值税

名称	文号	政策/标准要点
电力工程计价依据营业税改增值税估价表	定额〔2016〕45号	本套估价表包括《2009年版20kV及以下配电网工程预算定额估价表》《2013年版电力建设工程定额估价表—建筑工程》《热力设备安装工程》《输电线路工程》《调试工程》《通信工程》《2013年版西藏地区电网工程概算定额估价表》《2013年版西藏地区电网工程预算定额估价表》《2015年版电网技术改造工程概算定额估价表》《2015年版电网技术改造工程预算定额估价表》《2015年版电网拆除工程预算定额估价表》《2015年版电网检修工程预算定额估价表》。营改增后电力工程发承包及实施阶段的计价活动，适用一般计税方法计税的电力工程执行"价税分离"的计价规则，按照本套估价表进行工程计价
（三）价格调整文件		
关于发布海底电缆工程预算定额2016年度价格水平调整的通知	定额〔2016〕54号	
关于发布2013版西藏地区电网工程概预算定额2016年度价格水平调整的通知	定额〔2016〕53号	
关于发布2015版电网技术改造和检修工程概预算定额2016年下半年价格水平调整系数的通知	定额〔2016〕52号	
关于发布20kV及以下配电网工程预算定额2016年下半年价格水平调整系数的通知	定额〔2016〕51号	
关于发布2013版电力建设工程概预算定额2016年度价格水平调整的通知	定额〔2016〕50号	
关于发布2010版电网技术改造和检修工程预算定额2016年上半年价格水平调整系数的通知	定额〔2016〕26号	
关于发布2015版电网技术改造和检修工程概预算定额2016年上半年价格水平调整系数的通知	定额〔2016〕25号	

二、政策动向

（一）电力市场化改革向纵深推进

自2015年3月中共中央、国务院印发《关于进一步深化电力体制改革的若干意见》（中发〔2015〕9号）（以下简称中发9号文）以来，国家有关部门围绕全面深化电力体制改革出台了一系列政策和措施，涵盖输配电价核定、售电侧改革、增量配电网放开、电力交易规则制定等，电力市场化改革不断向纵深推进。2016年，全国包括省内直接交易在内的市场化交易电量突破 1 万亿千瓦时，占全社会用电量的 19%。其中，省内直接交易电量接近 8000 亿千瓦时，同比增长 85%，为电力用户释放了大量改革红利；电力体制改革综合试点、电力交易机构也随着改革的推进次第开花。截至 2016 年年底，除西藏自治区正在制定试点方案外，已有 21 个省（自治区、直辖市）开展了电力体制改革综合试点，9 个省（自治区、直辖市）和新疆生产建设兵团开展了售电侧改革试点，3 个省（自治区）开展了可再生能源就近消纳试点，形成了以综合试点为主、多模式探索的格局。

在输配电价改革方面，2016 年 8 月，国务院发布《关于印发降低实体经济企业成本工作方案的通知》，明确要求进一步降低企业用能成本，包括加快推进能源领域改革、积极开展电力直接交易、实施输配电价改革试点等。2016 年 12 月，国家发展改革委制定出台了《省级电网输配电价定价办法》，按照"准许成本加合理收益"原则，明确省级电网输配电价制定的原则和方法，同时建立对电网企业的激励和约束机制，形成科学、规范、透明的输配电价监管制度。

在煤电价格联动机制方面，国家发展改革委根据煤炭价格下降幅度，下调燃煤机组上网电价每千瓦时 3 分钱，并同幅度下调一般工商业销售电价，每年可减少企业用电支出约 225 亿元。

在完善基本电价执行方式方面，国家发展改革委发出《关于完善两部制电价用户基本电价执行方式的通知》（发改办价格〔2016〕1583 号），将基本电价计费方式变更周期由按年调整改为按季调整，电力用户选择按最大需量方式计收基本电费的，最大需量核定值变更周期从现行按半年调整改为按月调整，电力用户也可以根据企业实际需要选择对其最有利的计费方式。

在标杆电价方面，2016 年国家发展改革委相继发出《关于太阳能热发电标杆上网电价政策的通知》《关于调整光伏发电陆上风电标杆上网电价的通知》等文件，核定全国太阳能热发电标杆上网电价为每千瓦时 1.15 元，并明确继续执行新能源标杆上网电价退坡机制，适当降低 2017 年光伏电站标杆电价和 2018 年陆上风电标杆电价。对弃风弃光较多的西部地区适当多降价，对东部地区适当少降价，对分布式可再生能源发电和海上风电不降价，从而引导新能源向东部地区发展，促进全产业链健康发展。

在配售电侧改革方面，《有序放开配电网业务管理办法》《售电公司准入与退出管理办法》同时公布，为增量配售电业务指明方向，建立了市场主体准入退出机制和以信用监管为核心的新型监管制度，明确了实行以注册制和信用监管为核心的售电公司准入制度，不设置行政许可；相继发布《关于规范开展增量配电业务改革试点的通知》，公布了 105 个第一批增量配电业务改革试点项目。

在有序放开发用电计划改革方面，2016 年 7 月国家发展改革委、国家能源局发布的《关于有序放开发用电计划工作的通知（征求意见稿）》明确煤电机组发电量由非市场化电量和市场化交易两部分组成，非市场化电量利用小时数逐步过渡到完全落实优先发电、优先购电的刚性计划，协议（合同）由发电企业与电网公司签订。市场化交易电量逐步扩大规模，通过直接交易等市场化方式形成，发电企业与售电企业、用户签订发购电协议（合同）。同时，不再安排新投产机组发电计划。对 2017 年 3 月 15 日后投产的煤电机组，各地除对优先购电对应电量安排计划外，不再安排其他发电计划。新投产煤电机组通过市场交易获得的发电量，不再执行上网标杆电价。

（二）《电力发展"十三五"规划（2016—2020 年）》

2016 年 11 月 7 日，国家发展改革委、国家能源局发布了《电力发展"十三五"规划（2016-2020 年）》（以下简称《规划》），为未来 4 年电力改革与发展勾画出了清晰的路径和蓝图。《规划》提出了加快调整优化转型升级，构建清洁低碳、安全高效的现代电力工业体系，惠及广大电力用户，为全面建成小康社会提供坚强支撑和保障的总体发展目标。内容涵盖供应能力、电源结构、电网发展、综合调节能力、节能减排、民生用电保障等六个方面。

根据《规划》，2020 年全国风电装机达 2.1 亿千瓦以上，其中海上风电约 500 万千瓦。按"分散开发、就近消纳为主"原则布局光伏电站。2020 年，太阳能发电装机达 1.1 亿千瓦以上，其中分布式光伏 6000 万千瓦以上、光热发电 500 万千瓦。按存量优先原则，依托电力外送通道，有序推进"三北"地区可再生能源跨省区消纳 4000 万千瓦。《规划》还提出，积极发展水电，统筹开发与外送。到 2020 年，常规水电装机达 3.4 亿千瓦。

按上述步骤，到 2020 年，非化石能源消费占一次能源消费比重达到 15%。以此为目标，届时我国非化石能源发电装机达 7.7 亿千瓦左右，同比增加 2.5 亿千瓦左右；气电装机增加 5000 万千瓦，达 1.1 亿千瓦以上；煤电装机力争控制在 11 亿千瓦以内。

在对电力发展内容进行改革的同时，《规划》还为电力体制改革勾画了蓝图。《规划》要求，"电改"核心为辅助服务市场试点启动，组建相对独立和规范运行的电力交易机构，建立公平有序的电力市场规则，初步形成功能完善的电力市场，以及深入推进简政放权。一是核定输配电价，2017 年年底前完成分电压等级核定，逐步减少电价交叉补贴。二是建立健全电力市场体系，建立标准统一的交易技术支持系统，积极培育合格市场主体，完善交易机制，丰富交易品种；2016 年启动东北地区辅助服务市场试点，成熟后全面推广；2018 年年底前启动现货交易试点；2020 年全面启动现货交易市场，研究风险对冲机制。三是组建相对独立和规范运行的电力交易机构。四是有序放开发用电计划，2020年前逐步取消优先发电权以外的非调节性发电计划。五是全面推进配售电侧改革，2018年年底前完成售电侧市场竞争主体培育工作。

（三）电力行业供给侧结构性改革

2016年，电力行业以推进供给侧结构性改革为主线，大力推进结构优化和产业升级，大力增强创新发展动力，大力拓展国际合作。坚定不移推进供给侧结构性改革，高度重视国有企业改革发展，重点推进"三去一降一补"，并把化解过剩产能、处置国企"僵尸企业"和开展特困企业专项治理作为改革的重中之重。在煤电控制方面，自2016年3月起，国家发展改革委、国家能源局连续发布《关于促进我国煤电有序发展的通知》《关于进一步做好煤电行业淘汰落后产能的通知》等文件，严控煤电产能；取消了吉林、山西、山东、陕西等地共15项不具备核准建设条件的煤电项目，涉及装机容量1240万千瓦，充分体现出国家防止煤电重走煤炭"老路"的决心。

2016年电力行业供给侧结构性改革也将提高能源系统整体运行效率囊括在内。着力提升电网调峰能力，鼓励发展天然气调峰电站、抽水蓄能电站，推进热电联产机组参与调峰；促进储能规模化参与调峰应用，完善跨省跨区电力辅助服务补偿机制；放开用户侧分布式电源建设，鼓励多元主体投资建设分布式能源；针对西北地区较为严重的弃风、弃光问题，国家发展改革委、国家能源局相继出台了《可再生能源发电全额保障性收购管理办法》《关于做好风电、光伏发电全额保障性收购管理工作的通知》等相关政策文件，力保新能源消纳。除保障上网外，电力行业还着力促进可再生能源就地消纳利用，如开展风电供暖、制氢等示范工程建设，探索风电、光伏、水电就地消纳利用商业新模式，建立可再生能源开发利用目标管理机制等。

（四）《工程造价行业"十三五"规划》

住房城乡建设部标准定额司印发的《工程造价行业"十三五"规划（征求意见稿）》（以下简称《造价规划》）为未来4年工程造价行业发展指明了方向。《造价规划》明确，要建立市场统一的计划规则，按照简明适应、传承和扬弃相结合的原则，制定《工程造价费用构成通则》，推进工程量清单计价与国际接轨，完善工程量清单项目划分规则。要以服务工程建设、城市建设的创新发展为目标，开展地下综合管廊、海绵城市、绿色建筑、低碳建筑及建筑产业现代化工程定额的编制。要加强对市场价格信息、造价指标、指数、工程案例信息等各类型、各专业造价信息的综合开发利用，丰富多元化信息服务种类。以BIM技术为基础，以企业数据库为支撑，建立工程项目造价管理信息系统。要通过建立"黑名单"制度，探索在市场准入和日常监管中实行差异化管理。加强与各部门、各行业实现信用奖惩联动，形成失信联防体系。明确执业主体责任，建立企业和人员的追责机制，建立工程造价咨询成果质量检查制度和信息公开制度。同时还强调，要促进工程造价行业可持续发展、创新发展，并通过完善执业教育制度、实施领军人才培养计划、引导高校专业人才培养等不断加强人才队伍建设。

（五）工程造价行业改革

2016 年，围绕处理好政府和市场关系这一经济体制改革的核心问题，国家持续推进简政放权、放管结合、优化服务改革。在完成减少行政审批事项 1/3 目标的基础上，又取消了 165 项国务院部门及其指定地方实施的审批事项，清理规范了 192 项审批中介服务事项、220 项职业资格许可认定事项。其中，《国务院关于取消一批职业资格许可和认定事项的决定》（国发〔2016〕5 号）取消了全国建设工程造价员职业资格；《国务院关于第二批取消 152 项中央指定地方实施行政审批事项的决定》（国发〔2016〕9 号）取消了省级住房城乡建设部门负责审批的甲级造价咨询企业资质和注册造价工程师执业资格（以下简称企业资质和个人执业资格）初审事项。为做好取消初审事项的后续衔接工作，住房城乡建设部发布《住房城乡建设部办公厅关于做好取消甲级造价咨询企业资质和注册造价工程师执业资格初审事项的后续衔接工作的通知》（建办标〔2016〕10 号），明确了在相关部门规章和规范性文件修订颁布之前企业资质和个人执业资格申请的暂行办法；人力资源社会保障部发布《人力资源社会保障部办公厅关于做好取消部分技能人员职业资格许可认定事项后续工作的通知》（人社厅发〔2016〕182 号），对取消部分技能人员职业资格许可认定事项后续工作做出了相关规定。

2016 年 5 月广东省住建厅印发《广东省住房和城乡建设厅关于做好暂时停止实施部分企业资质行政许可后续监管工作的通知》，释放出行业改革信号，明确暂停对造价咨询乙级和暂定级资质、物业企业二级及以下资质、城乡规划乙级和丙级资质、招标代理乙级和暂定级资格、监理乙级和丙级资质等行政许可的后续监管工作，并分别交给相应协会负责。

（六）营业税改增值税

2016 年 3 月 24 日，财政部、国家税务总局向社会公布了《关于全面推开营业税改征增值税试点的通知》（财税〔2016〕36 号）（以下简称 36 号文），经国务院批准，自 2016 年 5 月 1 日起，在全国范围内全面推开营改增试点。建筑业、房地产业、金融业、生活服务业等全部营业税纳税人，纳入试点范围，由缴纳营业税改为缴纳增值税；同时发布了《营业税改征增值税试点实施办法》《营业税改征增值税试点有关事项的规定》《营业税改征增值税试点过渡政策的规定》和《跨境应税行为适用增值税零税率和免税政策的规定》等相关规定。

实现统一税法。全面实施营改增首先在于统一税法。在服务业全面实施营改增前，我国实行二元税制：对工商业征收增值税，基本税率适用 17%，优惠税率适用 13%，简易征收税率适用 3%；对服务业和房地产业征收营业税，适用 3% 和 5% 两档税率。由于工商业、服务业和房地产业适用税种、税率和计税依据不同，税收负担自然存在较大差异。在统一市场经济下，针对不同产业采用两种不同税制，既不公平，也不合理。全面实施营改增，将二元税制改为一元税制，从而构建有利于形成统一税法、公平税负、平等竞争的税收环境。

消除重复征税。我国长期以来工商业、服务业和房地产业分别征收增值税和营业税，按全额征收的营业税存在严重的重复征税缺陷。通过全面实施营改增消除重复征税可分为两种情况：一种是服务企业外购货物和服务缴纳的增值税允许抵扣，从而消除企业生产经营过程中的重复征税；另一种是服务企业为下游企业提供服务发生的增值税，由下游企业抵扣从而消除产业交往中的重复征税。全面实施营改增将不动产纳入征税范围，同时纳入抵扣范围，从而实现了真正意义上的现代消费型增值税制度。

优化税制结构。我国现行税制结构是以流转税为主体，流转税虽然具有稳定收入、简化税制、利于征管的优势，但同时存在税制不公平、不合理的缺陷。因为流转税是按销售额计算征税，而不是按利润或收益所得额计算征税，由于我国不同行业利润率差异大，如果按统一税率征收，对于利润率低的企业税负会偏重，而对利润率高的企业税负可能偏低。另外，流转税在经济平衡时矛盾不突出，但随着经济下行，企业利润率下降，按销售额征税会加重企业税收负担，使矛盾突现。而所得税由于按企业利润或个人收入征税，相对比较公平、合理。通过营改增减轻企业流转税负的同时会提高企业所得税负，同时可为资源税、环境税和个人所得税改革预留改革空间，以实现降低间接税比重、提高直接税比重、优化我国税制结构目标。

全面实施营改增有利于形成以服务经济为主体的产业结构，主要从三个方面：一是消除了营业税制下重复征税，减轻了服务企业税收负担。二是通过服务业对下游企业开具增值税发票由下游企业抵扣，减轻下游工商企业税负来拉动服务业发展，以及服务业和工商业联动发展。三是通过生产企业内部服务部门独立分离，以及服务业务外包来扩大服务规模。近年来，我国经济增长处于下行调整中，但第三产业比重明显上升，虽然产业结构调整有其内在运行规律，但全面实施营改增对支持和促进产业结构调整优化起着重要作用。

第二节 管理与服务

一、行业自律

（一）信用评价体系建设及实施

为贯彻落实国务院关于社会信用体系建设的工作部署，加快推进工程造价咨询行业信用体系建设，中电联、中价协相关部门已经着手开展企业信用评价工作。

1. 中电联信用评价工作开展情况

早在 2007 年，中电联根据商务部、国务院国资委授权和国家电监会的要求，成立了信用建设组织机构，积极稳步开展以企业信用评价为重点的信用体系建设工作。2014 年发布《电力行业信用体系建设指导意见（2015—2020 年）》，首次提出"行业信用链"的概念，将电力生产企业、电力供应商和电力用户作为有机整体推进信用体系建设，致力于提高电力行业的安全性和可靠性，大力改善电力产业发展生态的信用环境。

2015 年，国家能源局正式发布由中电联编制的《电力企业信用评价规范》《电力行业供应商信用评价规范》等行业信用评价标准，全行业的信用建设不断规范化为信用评价工作的标准化和规范化提供有力保障，目前已对 338 家电力企业开展了信用评价。电力行业率先形成信用采信应用机制，起到了示范引领作用，在严格评价信用企业的基础上，致力推进企业信用等级采信工作。山西省经信委和山西省电力行业协会采信电力企业信用等级，对 2014 年度山西省取得电力行业 AAA 级信用发电企业给予奖励 0.5 亿千瓦时计划电量，这在全国具有非常典型的示范作用和意义。电力行业信用体系建设工作已经初步形成工作流程化、管理规范化、评价科学化、指标标准化、数据信息化的"五化"体系，建立了动态管理制度和企业信用评价要素指标，信用评价结果得到业内广泛认可，并在市场准入、资质管理、评优表彰、行业统计、电力建设施工监理、设计造价咨询等业务领域加以应用，影响力不断扩大。

2016 年，根据《中共中央、国务院关于进一步深化电力体制改革的若干意见》（中发〔2015〕9 号）及配套文件精神，为适应电力交易市场信用体系建设需求，中电联在制定《电力企业信用评价规范》（DL/T 1381-2014）、《电力行业供应商信用评价规范》（DL/T 1383-2014）行业标准的基础上，补充制定了售电企业及电力大用户两类专业信用评价指标体系（试行），并广泛征求各电力企业的意见，同时编制了《电力企业信用信息采集指南》行业标准，并开展 2016 年电力行业信用信息采集及信用评价工作。在电力体制改革的大背景下，积极推进信用评价分支机构建设，目前已设立华东、山西、山东、福建等22个分支机构，有效地发挥了区域行业组织的作用，扩大了电力行业信用评价工作的影响力。

2. 中价协信用评价工作开展情况

中价协于2014年获批商务部和国资委第十二批行业信用评价参与单位，并启动《工程造价咨询行业信用信息管理办法》编制工作，随后起草了《工程造价咨询企业信用评价办法（试行）》和《工程造价咨询企业信用评价标准》，组织开展了2015年度广东省、天津市及江西省三个地区的工程造价咨询企业信用评价试点工作。

2016年，中价协以制度建设、开展信用评价和信用平台建设三个方面为抓手，稳步推进工程造价行业信用体系建设工作。同时，受标准定额司委托，起草了《工程造价行业信用指导意见》，为完善行业自律制度建设，制订了《会员执业违规行为惩戒暂行办法》以及配套的惩戒细则，与《造价工程师职业道德守则》和《造价咨询企业行业行为守则》等作为惩戒办法的依据，形成行业自律制度体系。继续推进各地区开展工程造价咨询企业信用评价工作，建立健全行业职业道德准则、自律公约、技术标准、评价指标，以及信用信息支撑平台，推动行业信用体系建设。

3. 电力造价咨询行业信用评价工作开展计划

中电联电力发展研究院（技经中心）将根据电力造价咨询业务服务特点，以行业自律管理为抓手，全面启动企业信用信息采集工作，设置更具有针对性的采集指标，建立公开的信息平台，同时将有效信息反馈至信用评价机构，推动行业信用评价体系的不断完善。

（二）行业自律相关行为准则的制定及执行

为规范工程造价咨询企业的执业行为，完善工程造价咨询行业的自我约束和相互监督机制，维护工程造价咨询市场秩序，促进工程造价咨询行业健康发展，中价协、中电联等行业服务机构陆续开展行业自律公约的制定与签署工作。

近年来，在中价协的积极倡导和组织下，多个省级协会制定了《建设工程造价行业自律公约》，北京、天津、内蒙古、四川、贵州、重庆、甘肃、吉林、江西、广西、湖南、陕西等地纷纷发出倡议或举行信用签约大会，并对自律公约的执行进行监督、检查和管理，对违反行业自律公约行为进行惩戒和通报，有效提高了工程造价行业的自律管理水平。

中电联组织起草了《电力造价咨询行业自律公约》，并将积极参与行业自律委员会的组建，倡导企业及个人签署行业自律公约，规范电力造价咨询企业及从业人员的行为准则。

二、行业服务

（一）企业资质与个人资格管理服务

2016 年，中电联电力发展研究院（技经中心）继续做好行业内咨询企业、造价师、从业人员行业服务工作。包括：千余名注册造价师和数万名电力造价从业人员的行业服务工作；电力行业甲级工程造价咨询企业资质管理工作；咨询企业统计报表的收集、审核、汇总及上报工作；甲级工程造价咨询企业单位名称变更、资本金变更、技术负责人变更、注册地址变更等多项业务。

（二）国际交流与合作

中电联与英国皇家特许测量师学会（RICS）分别于 2011 年、2014 年两次签署合作备忘录，为中国电力造价咨询行业走出去奠定了基础。2011 年以来，中电联多次联合 RICS 共同面向电力行业发展会员，并进行技术交流，同时也将中国的先进管理理念、技术等推向国际，树立中国电力工程造价行业品牌。通过会员推荐与发展、高层互访、教育培训、信息交流、研讨活动、研究建议与合作、出版物的交换与引进等工作，不断对电力技经专业进行智力引进与输出，进一步推动电力行业工程造价领域走向国际化，增进电力造价行业的国际交流与合作，实现了国内外电力工程造价行业的优势资源互补、信息互通，从而在持续技能培训、职业道德提高、战略品牌提升等诸多方面达到真正意义上的双赢，为我国工程造价从业人员提供一个了解国际惯例、参与国际竞争、促进行业进步的对外窗口，并适时将中国电力工程造价管理先进经验推向国际市场。借助 RICS 平台，中电联将积极帮助电力企业加强国际交流与合作，拓展视野和人脉，提升中国电力工程造价管理水平。

2017 年 2 月 28 日，英国皇家特许测量师学会（RICS）首届工料测量与建造论坛暨 RICS Awards 2017 中国颁奖典礼在上海隆重召开，旨在表彰在中国建筑环境领域做出卓越贡献和专业成就的个人和团队，中电联电力发展研究院（技经中心）喜获"年度研究团队"优秀奖和"年度专业咨询服务团队"入围奖，并成为 RICS 规管公司，标志着电力造价咨询行业工作成果文件达到了 RICS 相应的通用标准，并将被国际认可。根据 RICS 战略预测，未来十几年全球基本建设形势将持续看好，中电联将把握发展机遇，继续加强与全球同行的学习交流，创新技术手段和服务方式，积极开拓国际咨询服务市场，助力我国能源产业变革发展和国家"一带一路"战略实施，向着中国电力行业智库目标不断迈进。

与此同时，中电联积极参与国际造价协会的相关活动，与国际成本工程协会（AACE）保持紧密联系，组织行业专家赴美国进行交流学习。多次出席环太平洋地区工料测量师协会（PAQS）年会论坛，积极与国际造价工程联合会（ICEC）等国际造价组织交流沟通，代表中国电力工程造价咨询行业在国际同行中发出更多的声音。

（三）职业技能培训服务

中电联以满足电力造价从业人员岗位技能的实际需求为主要目的，至2016年已举办电力工程各专业各类宣贯、职业技能上岗、高级管理系列培训数百期，培训电力行业管理及技术人员数万人次，为企业人才培养提供服务平台，增加行业人才知识储备。通过搭建电力行业网络教育培训服务平台，开展执业技能培训、行业动态推广宣贯、企业定制培训等多选择性的教育培训模式助力企业完善人才的引进、培养、使用、评价、选拔、激励等环节，建立健全电力行业全链条人才培养服务体系。

电力工程造价从业人员是电力建设领域人才队伍的重要组成部分，是维护市场经济秩序、推动行业科学发展、促进社会和谐的重要力量。2016年1月20日国务院出台的《国务院关于取消一批职业资格许可和认定事项的决定》（国发〔2016〕5号），取消了全国建设工程造价员职业资格，并鼓励由行业协会开展后续管理与服务工作。下一步，中电联作为电力行业协会，将以岗位技能水平评估工作为抓手，研究电力行业造价从业人员分级体系，通过规范电力行业造价人员的能力体系管理，进一步提高电力行业造价从业人员的综合水平，着力培养高层次专业骨干，促进从业人员整体素质的提升，全面提高电力行业造价编制水平和管理水平，确保电力工程造价管理工作健康有序地推进，支撑电力行业可持续发展。

（四）工程造价咨询成果质量检查

为加强电力工程造价咨询行业自律管理，提高行业成果文件质量和服务水平，进一步提升电力工程造价咨询行业的社会公信力，根据《关于开展2016年全国工程造价咨询成果质量检查的通知》（中价协〔2016〕99号），中电联成立专项检查工作组，重点就工程造价咨询业务合同签订情况、咨询业务操作情况、人员执业行为情况、咨询业务收费情况、档案及档案管理情况、咨询业务质量情况、回访和总结情况，对电力行业管理的工程造价咨询企业开展咨询成果质量检查工作，检查组采取了"双随机"抽查方式抽取了数家电力造价咨询企业，从抽检情况看，受检企业市场行为基本规范，合同签订、执业操作过程基本符合国家法律法规，依法依规执业意识和自我保护意识进一步增强；均建立健全了成果质量内部控制体系，质量过程控制流程清晰、责任明确，有力保障了造价咨询服务和成果文件质量；均具有完整的组织机构，在执业标准、专业规范、风险控制及企业管理等方面形成了规范的管理体系，并通过了ISO9001质量体系认证、ISO14000认证和OHSAS18000认证，自身软、硬件建设不断加强，管理方式不断完善，经营场所和工作设施均有明显改善；对造价信息的收集和统计均较为重视，档案的保存开始注重磁性介质的保存，信息化程度不断提高，部分企业建立了企业内部造价信息采集系统，大大提高了企业造价信息的采集和保存效率，电力行业工程造价咨询行业的工作质量和服务水平进步明显。

（五）中国电力造价咨询行业服务平台

以促进电力造价咨询行业交流合作与信息共享为目标，充分发挥互联网优势加大对行业政策、法律法规、培训信息的宣传力度，提升行业服务能力。2015年，中国电力造价咨询行业微信服务平台应运而生。作为平台运营主体，中电联电力发展研究院（技经中心）开发了集新闻性、服务性和互动性为一体的中国电力造价咨询行业微信服务平台和微网站，成功开通了微信报名、签到和永久保存、查阅课件功能，满足实时学习和信息共享需求。下一步，中国电力造价咨询行业微信服务平台将继续完善自身建设，丰富服务内容，探索服务形式，陆续开放信息查询、在线支持、专家答疑、移动网络课堂等模块功能，打造电力行业专业交流服务基地。

（六）行业会议及论坛

为推进电力行业工程造价咨询业务健康持续发展，促进行业内交流合作，提升企业市场敏感度，完善行业自律管理，中电联电力发展研究院（技经中心）于2016年10月20日在成都组织召开了以"创新引领，转型发展"为主题的2016年电力工程造价咨询单位工作年会暨电力造价高峰论坛，来自全国的百余名电力造价咨询企业代表参加了会议。会议发布了《2016年度电力造价咨询行业发展报告》，国家能源局、中电联、天津理工大学等机构和单位的专家领导同参会代表共同围绕能源工业和电力工业发展展望、电力体制改革实施进展，PPP、EPC等项目运作模式及BIM技术在电力行业中的应用，造价咨询行业发展形势分析等主题进行了深度探讨，并开展了以"电力造价咨询企业的转型发展之路"为主题的座谈交流。会议旨在聆听行业企业诉求，促进行业交流合作，增强行业凝聚力，推进电力行业工程造价咨询业务健康持续发展，为更好实现行业自律管理奠定基础。通过召开电力工程造价咨询单位工作年会，促进了行业深度交流与合作，达到了维护竞争公平、促进信用经营、推动国际合作、加强技术交流、强化人才培养的效果，从而推进电力行业工程造价咨询业务健康持续发展，有力维护电力造价咨询行业良好声誉。

第三节　电网及发电企业工程造价管理

2016 年，电网及发电企业在总结"十二五"基建工程造价管理经验的基础上，继续紧紧围绕"十三五"电力发展建设改革大局，以全面造价管理为抓手，立足于满足实际工程建设管理需要，进一步完善工程造价管理机制，规范管控程序和企业标准，配合国家、行业造价规范管理，以高度的责任感、使命感和紧迫感，注重发挥经济运行中心、投资控制以及项目前期等职能管理作用，全力服务于电力建设，做好投资控制，保证投资效益。据统计，2016 年各电网及发电企业工程造价管理工作获省部级及以上（含行业）奖项 98 项，制定企业标准 28 项，制定管理办法及制度 26 项。

一、全过程投资管控

（一）电网企业

国家电网公司以全寿命周期投资效益最优为导向，在深化初设概算管理、竣工结算监督管理工作基础上，积极推进施工图预算管理，形成建设过程三算（概算、预算、结算）控制的全过程造价管理新模式。通过对电网建设全过程造价管理的总结和提炼，构建包含设计、招标、合同、建设过程、结算、决算、审计、后评价的全过程造价控制体系。编制印发《关于进一步加强输变电工程初步设计评审管理的指导意见》等一系列文件，进一步明确省级公司建设单位初步设计评审单位的管理职责，要求设计单位和评审单位规范做好设计评审工作，不断提高设计质量评审质量和效率；招标控制价的编制由以往的概算深度工程量清单招标转为施工图深度工程量清单招标，使最高投标限价更加精准，从招标源头上对施工成本和合同价款加以控制，由事后处理改为事前控制；全面应用"三通一标"，严格控制工程建设标准和装修标准，提高工程建设质量、经济效益；通过施工图预算审核，提前发现并改进因勘察设计深度不足、工程量不准确等原因引起的重大设计变更，大量减少一般设计变更，为工程建设期深入顺利推进奠定坚实基础；进一步规范工程竣工结算管理，加强风险防范意识，进一步健全管理制度和内控机制；加强设计变更和现场签证管理，规范管理流程，明确管理责任，严格履行工程结算审批程序，落实省级公司工程结算管理主体职责，规范结算报告内容深度要求，统一工程结算编制审查标准，提高结算效率和效益。

南方电网公司在前期管控方面狠抓可行性研究内容深度规定的落实，确保前期工作质量，在项目规划及可研阶段做好方案比选优选，确保方案的优化和经济性，有效降低工程造价，可研内容深度执行率100%；在工程设计管控方面，针对工程设计深度不足、质量管控不严等引起高估冒算的问题，先后发布了主、配网设计管理以及配套的工作标准，加强对设计、评审和业主三方的管理，全面开展施工图及预算评审，以审定的施工图预算控制施工招标价，并发布了工程设计费、评审费限价标准，实现工程设计费、评审费与工程投资的脱钩，并同步修编了相关招标文件和合同范本，避免了设计、评审单位为增加设计费、评审费而做高工程投资的问题。

（二）发电企业

发电企业以电厂建设项目为直接管控对象，进一步加深项目投资控制，加深了主动投资控制意识。例如，三峡集团根据新形势要求，创新建立国内大水电投资控制机制，加深对投资控制的认识，主动控制投资意识持续增强——以设计概算审查为起点，确立投资控制总限额；以执行概算为基础，构建"静控动管"体系；以分标概算为基础，建立限额设计机制；以业主预算为基础，建立投资控制考核机制；以投资风险分析为手段，反映投资控制成效和风险，形成了全过程、无缝对接的投资管理链条，并应用于乌东德、白鹤滩、长龙山等水电项目投资控制，降低建设成本，提升未来电价竞争力。中国广核集团深化了造价目标及责任分解传递机制，使造价目标控制时点前移至项目开发阶段，强化正向控制逻辑，通过以目标结果为导向的考核与激励办法，引导造价控制责任及压力有效地分解、传递并落实到位。中国华电集团进一步加强对项目公司的全过程造价管理，为项目公司处理了大量的合同与结算纠纷以及定额应用及编制的歧义问题，加强施工图工程量审核，并与初设概算、执行概算做出了动态对比分析，有效地控制全过程工程造价。大唐集团坚持从严从紧、实事求是的原则，落实全过程优化设计成果，强化全员、全过程造价管理，造价指标持续优化，严把概算审查关，组织对所有新开工项目设计概算进行审查，从严控制各项费用标准，强化造价通报和预警机制，对超概算项目进行严格管控。

二、企业标准

（一）电网企业

2016年电网企业根据自身情况和实际需求继续完善企业标准，进一步提高计价标准和依据的科学性。在造价水平控制方面，国家电网公司通过梳理、研究工程造价标准，首次构建了公司电网工程造价标准体系（2016版），并开展通用设计典型方案造价水平研究，形成常用12类变电和14类线路工程初步设计概算和施工图预算水平的标准参考价，并明确了增（减）主变和间隔等单位工程标准价；南方电网公司在对标全网和各地区工程造价水平的基础上，制定发布了电网工程单位造价控制线，明确了各类型工程的造价水平最高线，对工程设计实施技术经济指标及造价水平控制，重点监控和检查造价超控制线的项目，实现造价水平的降低，并在工程初步设计、工程招投标和竣工结算中全面落实应用。

在适应营业税改征增值税方面，国家电网公司和南方电网公司均积极开展相关计价依据调整系数测算，制订电网工程计价适应营业税改征增值税的过渡实施方案，实现了无缝衔接、平稳过渡。

（二）发电企业

在完善计价标准依据方面，三峡集团出台限额设计指导意见，使限额设计管理的可操作性更强，让从设计源头控制投资的目标真正得以实现，以项目实际完成的静态投资额与限额设计考核标准进行对比，实行节奖超罚，以业主预算为基础，强化完善投资控制考核。在执行概算基础上，引入合同为基础的业主预算，将项目投资控制目标逐级分解到每个合同的执行者，直观明了，落实现场一线项目管理人员的投资控制责任。中国广核集团组织会审修订了风电、光伏、海上项目标准招标工程量清单，进一步提高了工程量清单设置的科学性和规范性。

为适应国家税制改革要求，发电企业也制定了适应营业税改征增值税的过渡实施方案和相关规范。如三峡集团下发《关于规范"营改增"后集团公司金沙江下游水电工程合同管理工作的通知》，规范了水电项目在营改增政策下的管理行为，促进了营改增工作的尽快落地实施。

三、规范化管理

（一）电网企业

国家电网公司在分析总结以往制度实施情况的基础上，结合国家法律、法规、政策等关于电网建设的相关要求，对管理职责范围、内容、流程设置等做了进一步修订和完善，修编完成基建技经管理规定、初步设计审批、竣工结算和设计变更及现场签证管理等4项通用制度。2016年，南方电网公司在完善公司基建管理规定的基础上，全面落实工程结算审核工作标准，建立半年结算进度跟踪督办机制，按月管控每项工程结算，加快工程结算进度，提高工程结算质量，结算完成率达99%，确保基建项目的及时转固。

（二）发电企业

为全面开展规范化管理，三峡集团建立了投资控制激励约束机制，以业主预算为控制目标，以各建设管理单位为考核对象，实行节奖超罚，建立主动控制机制，充分发挥建设管理人员的积极性，在保证功能前提下，有效控制投资，并开展项目投资控制风险分析，增加了设计管理分析、招投标管理分析、重大变更分析、移民投资分析等内容，实现对机制各环节的检查和分析，规范项目风险管控机制。中国广核集团一方面颁布《核电建设项目工程造价管理制度》，组织开展《核电建设项目造价管理细则》《核电工程造价控制关键环节管理规定》的研究编制工作，强化对影响核电工程造价的重大事项和关键环节的管控，并在充分总结经验教训的基础上，结合新能源板块整合，完成了《计量》《结算》《造价盘点》和《概预算工程师管理办法》等工作制度，厘清了管理秩序，从制度上规范工程造价工作的有序开展；此外，中国广核集团还启动了核电板块统一的工程造价及成本数据库平台开发建设，以夯实造价管控基础、提升项目精益化管理能力。中国华电集团进一步加强火电项目工程主体施工招标技术规范书的审查，进一步规范明确了招标及施工范围、不同标段间的界限划分、投标报价的原则与组成及所包含的风险、合同价款结算及变更原则与方法、工程量的计算与调整等方面的内容，有效消除了合同中存在的结算纠纷问题，为工程的顺利实施、投资的可控在控、规避合同风险等奠定了良好的基础。大唐集团修订了《集团公司电力工程变更和结算管理规定》，进一步明确了重大变更审批权限，强化对项目变更和结算工作的监管，并下发《关于进一步加强电力项目工程总结算工作的通知》，进一步明确工程总结算完成时限、单方结算条件和管理程序，促进总结算质量和效率的提高。

第四章 电力造价咨询行业发展现状

第一节 行业结构现状

一、区域分布结构

2016 年，107 家电力造价咨询企业中，华北地区、华东地区、华南地区、华中地区、西北地区、西南地区、东北地区的电力造价咨询企业数量占比分别为 28.6%、28.6%、11.0%、11.0%、5.5%、8.8%、6.6%。企业区域数量分布如图 4-1 所示。

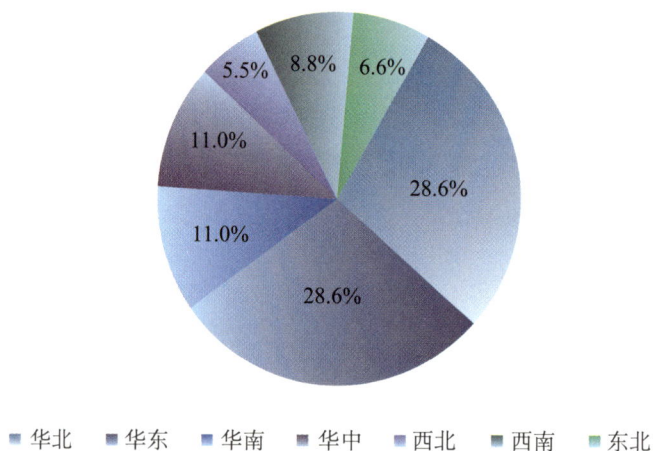

图 4-1 企业区域数量分布情况

二、企业类型结构

（一）企业资质结构

截至 2016 年年底，在 107 家电力造价咨询企业中，专营企业数量有 35 家，占比 32.7%；兼营工程造价企业数量有 72 家，占比 67.3%；具有多种资质的造价咨询企业有 57 家，比例高达 53.3%。此外，华北地区拥有电力造价咨询企业数量最多，为 32 家；华东地区具有多种资质的电力造价咨询企业数量最多，为 15 家。企业资质数量统计情况如图 4-2 所示。

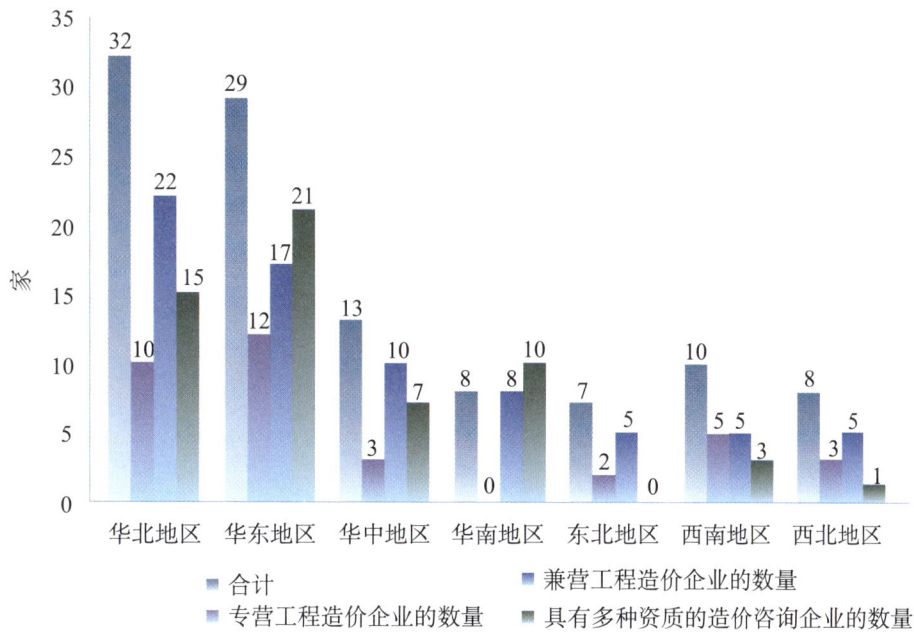

图 4-2　企业资质数量统计情况

（二）注册类型结构

2016 年，我国电力造价咨询企业注册登记类型中有限责任公司 21 家，国有独资或国有控股公司 22 家，合伙制企业 3 家，股份制企业 23 家。企业登记注册类型占比情况如图 4-3 所示。

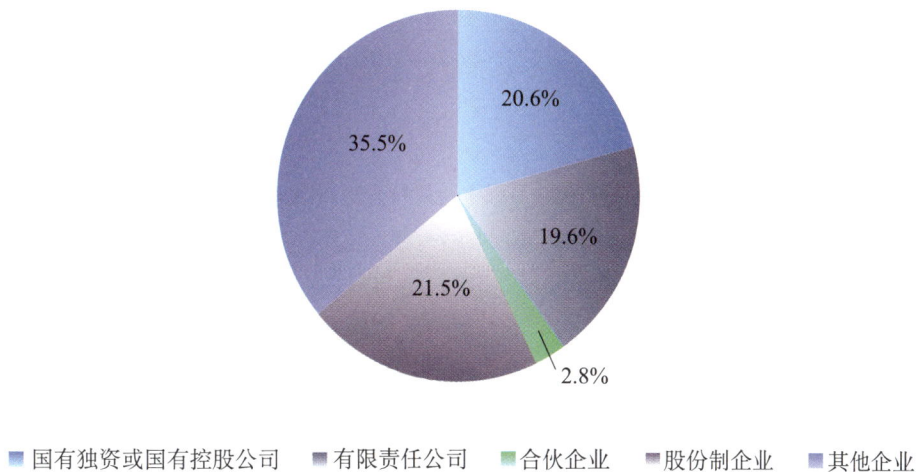

图 4-3　企业登记注册类型占比情况

（三）信用等级结构

各地区电力造价咨询企业获得信用等级评价的数量占比如图 4-4 所示。

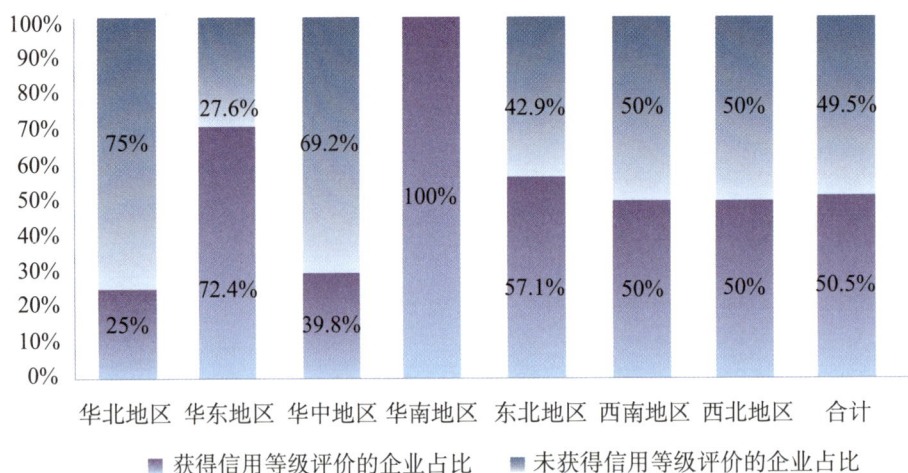

图4-4 各地区电力造价咨询企业获得信用等级评价的数量占比

华南地区电力造价咨询企业获得信用等级评价的数量占比最高，达到100%，而华北地区、华中地区电力造价咨询企业获得信用等级评价的数量占比较低，其余地区电力造价咨询企业获得信用等级评价的数量占比均在50%至100%之间。华北地区电力造价咨询企业在力争电力造价咨询企业总数上取得突破的同时，还应进一步加强诚信体系建设，提高对信用评价工作的重视程度。

三、企业资产结构

截至2016年年底，全国电力造价咨询企业注册资本金总计88亿元，资产总额总计873亿元，2011—2016年全国电力造价咨询企业经营分类统计情况如表4-1、图4-5所示。

表4-1 2011—2016年电力造价咨询企业资产规模情况表

年份	注册资金		资产	
	金额（亿元）	同比增长率（%）	金额（亿元）	同比增长率（%）
2011年	31	—	354	—
2012年	53	70.9	371	4.8
2013年	63	18.9	456	22.9
2014年	78	23.8	624	36.8
2015年	83	6.4	699	12.0
2016年	88	6.1	873	24.9

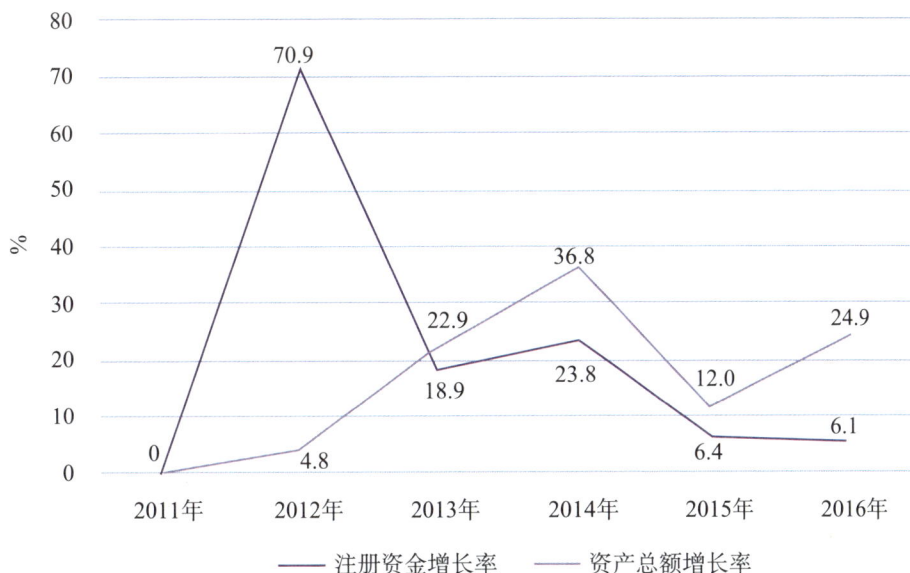

图 4-5 2011—2016 年全国电力造价咨询企业资产规模增长率折线图

2016 年全国电力造价咨询企业注册资金金额、资产总额按企业所在区域进行划分，华东地区的注册资金金额、资产总额分别为 26.8 亿元、470.5 亿元，与其他地区相比均排名第一。华北地区、华南地区、华中地区相对持平，相对于华东地区还存在一定的差距。西北地区、西南地区和东北地区相对较低。

（一）注册资金

2016 年分地区电力造价咨询企业注册资金金额占比情况如图 4-6 所示。

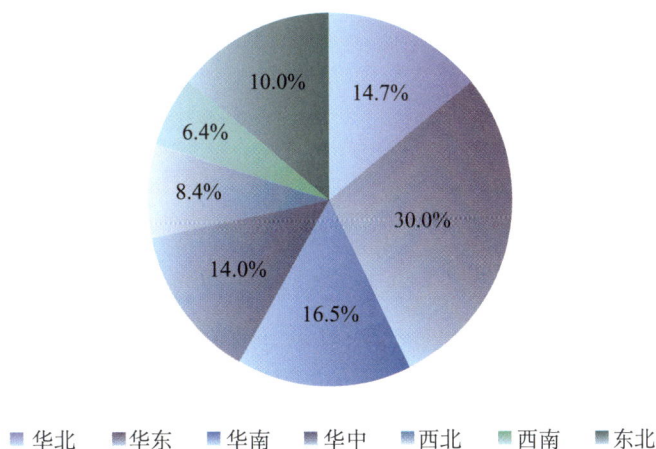

图 4-6 2016 年分地区电力造价咨询企业注册资金金额占比情况

从图 4-6 可以看出，华北地区、华南地区、华中地区、华东地区、西北地区、西南地区、东北地区的电力造价咨询企业注册资金金额占比分别为 14.7%、16.5%、14.0%、30.0%、8.4%、6.4%、10.0%。华东地区电力造价咨询企业注册资金金额占比超过其他地区，排名第一。西南地区电力造价咨询企业注册资金金额占比相对于其他地区较为落后，与其他地区相比还存在一些差距。

（二）资产总额

2016年各地区电力造价咨询企业资产总额占比情况如图4-7所示。从图4-7可以看出，华北地区、华南地区、华中地区、华东地区、西北地区、西南地区、东北地区的电力造价咨询企业资产总额占比分别为13.1%、11.9%、11.2%、33.9%、9.4%、16.1%、4.4%。华东地区的电力造价咨询企业资产总额占比远远超过其他地区，东北地区、西北地区的电力造价咨询企业资产总额占比较少。

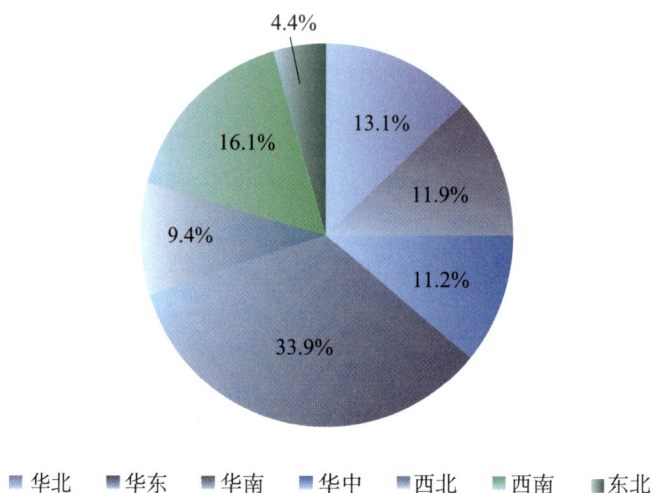

图4-7 2016年各地区电力造价咨询企业资产总额占比情况

四、企业规模结构

我国电力造价咨询企业分布较为分散。由于城市规模、经济发展水平、城市化程度、政府财力、居民消费水平、企业经营管理能力都影响着电力造价咨询企业的规模，从而造成企业规模差异性较大。根据《统计上大中小微型企业划分办法》（2011），建筑业企业规模划分标准如表4-2所示。

表4-2 建筑业企业规模划分标准（2011）

单位：万元

指标名称	大型企业	中型企业	小型企业	微型企业
营业收入（Y）	Y ≥ 80000	6000 ≤ Y < 80000	300 ≤ Y < 6000	Y < 300
资产总额（Z）	Z ≥ 80000	5000 ≤ Z < 80000	300 ≤ Z < 6000	Z < 300

注：大型、中型和小型企业须同时满足所列指标的下限，否则下划一档；微型企业只须满足所列指标中的一项即可。

按照企业规模划分标准划分，电力造价咨询行业大型企业占比 12.1%，中型企业占比 23.1%，小型企业占比 51.6%，微型企业占比 13.2%。绝大多数电力造价咨询企业规模较小。电力造价咨询企业规模结构如图 4-8 所示。

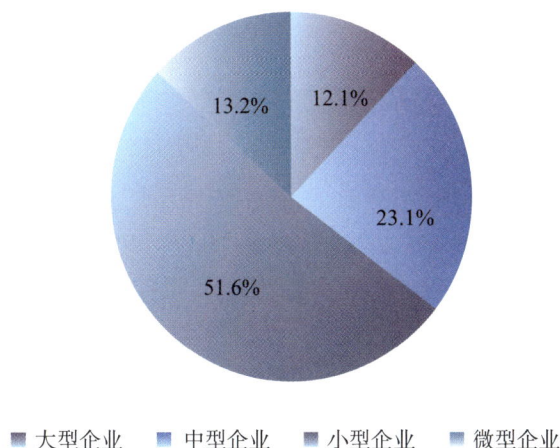

■ 大型企业　■ 中型企业　■ 小型企业　■ 微型企业

图 4-8　电力造价咨询企业规模结构情况

五、市场集中度

市场集中度是对某行业市场结构集中程度的测量指标，用以衡量该行业内企业的数目和相对规模的差异，是行业市场势力的重要量化指标。市场绝对集中度（CRn）是指某行业相关市场内前 N 家企业所占市场份额的总和，一般用这 N 家企业的某一业务指标（如生产、销售或资产等）占该行业该业务总量的百分比来表示。根据美国经济学家贝恩和日本通产省对产业集中度的划分标准，将产业市场结构分为寡占型（CR8 ≥ 40）和竞争型（CR8 < 40%）两类。其中，寡占型又细分为极高寡占型（CR8 ≥ 70%）和低集中寡占型（40% ≤ CR8 < 70%）；竞争型又细分为低集中竞争型（20% ≤ CR8 < 40%）和分散竞争型（CR8 < 20%）。

根据业务收入指标对我国电力造价咨询行业进行市场集中度分析的情况是：2016 年，排名前 8 的电力造价咨询企业业务收入占全国电力造价咨询企业收入总额的比例为 35.3%，即 CR8=35.5%。由此可见，电力造价咨询行业属于低集中竞争型行业，加之行业中小微企业较多、咨询业务较为分散、行业技术标准较为透明、市场依存度小等行业特点，更加剧了行业竞争。

第二节　企业经营现状

一、总体营业情况

（一）行业收入

根据中电联统计数据，截至 2016 年年底，电力造价咨询企业实现营业收入 67.3 亿元，较 2015 年增加 2.3 亿元，同比增长 2.8%。2011—2016 年全国电力造价咨询企业收入总额连续 6 年均在 50 亿元以上，保持每年增长的态势。但相较于前 5 年，2016 年的同比增长率大幅下降。2011—2016 年全国电力造价咨询企业营业收入情况如表 4-3 所示。

表 4-3　2011—2016 年全国电力造价咨询企业营业收入情况

年份	2011 年	2012 年	2013 年	2014 年	2015 年	2016 年
营业收入（亿元）	50	53	57	61	65	67.3
同比增长率（%）	—	6.0	7.5	7.0	6.6	2.8

（二）区域收入

营业收入按照区域分布，华北地区、华南地区、华中地区、华东地区、西北地区、西南地区、东北地区电力造价咨询企业营业收入占比分别为 12.3%、12.8%、9.3%、28.6%、14.4%、17.4%、5.2%。通过比较不同地区的企业数量以及收入可以发现，华北地区虽然企业数量规模占比达到 28.6%，但营业收入却仅占全国电力造价咨询总营业收入的 12.3%，出现这种状况的主要原因是华北地区小微企业数量较多，大型企业较少，且人均产值较低。其他地区企业数量规模与收入基本匹配。电力造价咨询企业区域收入分布情况如图 4-9 所示。

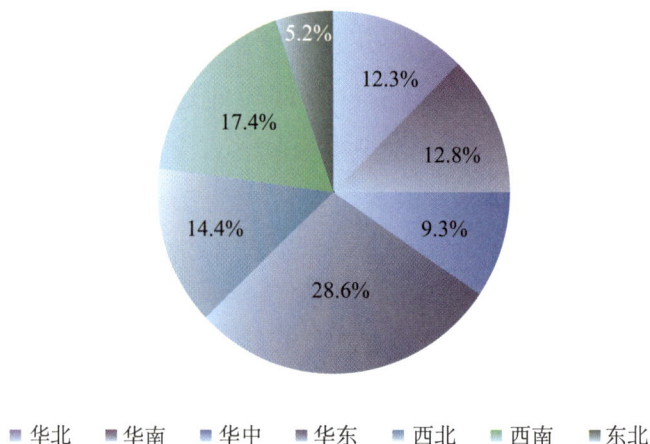

图 4-9　电力造价咨询企业区域收入分布情况

（三）人均产值

2016 年电力造价咨询业务人均产值约 32.8 万元，与 2015 年电力造价咨询行业人均产值水平基本持平。较 2015 年全国造价咨询行业人均产值 26.0 万元，电力造价咨询行业人均产值仍然处于较高水平，但整体差距逐年减小。按照区域划分来看，区域人均产值差异较大，其中华东、华中地区电力造价咨询业务人均产值高于全国电力造价咨询业务人均产值。2016 年各区域人均产值情况如表 4-4 所示。

表 4-4　2016 年各区域人均产值情况

区域	电力造价咨询业务人均收入（万元）	与平均水平对比（%）
全国平均	32.8	—
华北地区	28.2	-14.0
华东地区	39.5	20.4
华南地区	21.9	-33.2
华中地区	41.5	26.5
西北地区	17.1	-47.9
西南地区	24.7	-24.7
东北地区	18.7	-43.0

（四）行业利润

截至 2016 年年底，电力造价咨询企业利润总额总计 9.8 亿元，比上年减少 0.4 亿元，利润总额连续两年负增长。2016 年企业总利润率为 14.5%，比上年低 1.2 个百分点。2011—2016 年电力造价咨询行业利润情况如图 4-10 所示。

图 4-10　2011—2016 年电力造价咨询行业利润情况

二、业务类型分析

（一）按阶段类型分类

2016 年，电力造价咨询企业的营业收入为 67.3 亿元，按业务类型分类，前期投资决策业务收入、施工阶段业务收入、竣工结算业务收入、全过程工程造价咨询业务收入、纠纷的鉴定和仲裁咨询业务收入及其他业务收入占比分别为 16.2%、40.2%、20.5%、16.7%、5.6%、0.8%。施工阶段及竣工结算业务仍然是主要收入来源。相比 2015 年业务类型收入占比情况，2016 年尽管传统业务仍然占据电力造价咨询业务主导地位，但比重呈现下降趋势，企业业务向前期投资决策及全过程造价咨询服务延伸的趋势日益明显，电力造价咨询企业探索高端咨询服务，寻求转型升级趋势日益显现。2015—2016 年电力造价咨询企业业务类型收入占比情况如表 4-5 所示。

表 4-5 2015—2016 年电力造价咨询企业业务类型收入占比情况

单位：%

年份 \ 类型	前期投资决策	施工阶段	竣工结算	全过程工程造价咨询	纠纷的鉴定和仲裁咨询	其他业务
2015 年	15.7	45.0	21.0	12.0	6.0	0.3
2016 年	16.2	40.2	20.5	16.7	5.6	0.8

（二）按专业类型分类

电力造价咨询作为与电力建设投资绑定的咨询服务行业，其市场需求与电力建设投资规模息息相关。供给侧结构性改革的不断推进，火电项目建设投资放缓，清洁电源得到进一步发展和利用，映射到电力造价咨询行业则表现为火电工程收入占比下降，新能源电源工程收入占比增幅明显。2016 年电力造价咨询业务收入按专业类型分类，水电专业收入占比 3.7%，火电专业收入占比 23.1%，同比下降约 10 个百分点；新能源电源（核电、风电、太阳能发电）工程收入占比为 9.3%，同比提高 5.5 个百分点。各专业造价咨询收入与电力建设总局势基本契合。电力造价咨询专业收入分布情况如图 4-11 所示。

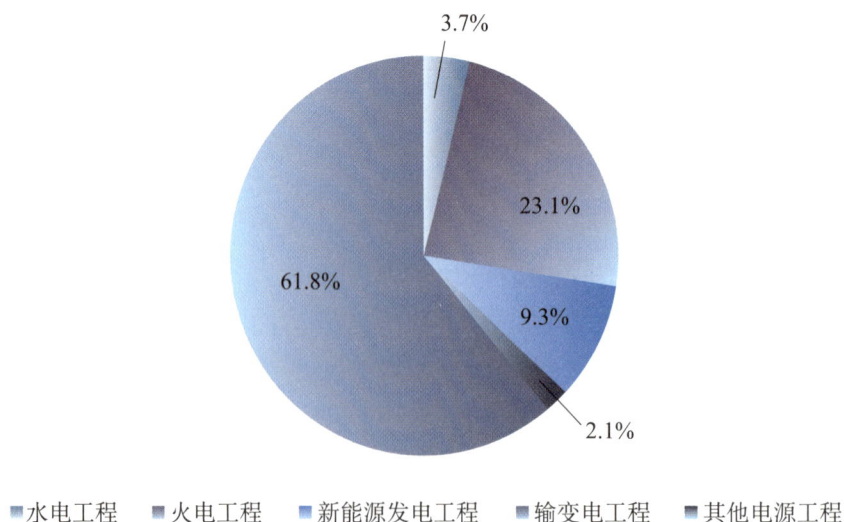

图 4-11 电力造价咨询专业收入分布情况

输变电工程收入中，直流工程收入占比 8.1%，1000kV 交流电网工程收入占比 17.5%，66kV ～ 750kV（含）交流电网工程专业收入占比 66.6%，35kV 及以下配电网工程（含农网建设改造工程）交流工程专业收入占比 7.8%。输变电工程造价咨询收入分布情况如图 4-12 所示。

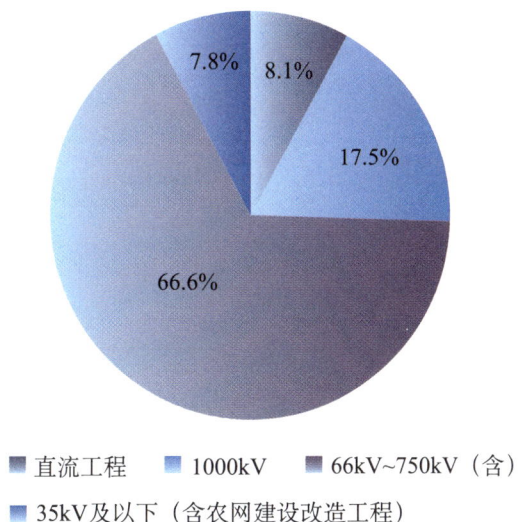

图 4-12　输变电工程造价咨询收入分布情况

第三节　从业人员结构现状

一、学历结构

2016 年，全国电力工程造价咨询行业拥有博士、硕士、本科学历的人员数量分别为 196 人、5018 人、11613 人，同比增长率分别为 4.3%、23.8%、17.5%。电力造价咨询行业本科及以上学历人才的比例大幅增加，一方面源于我国人口平均教育水平的提高，另一方面从业人员素质的不断提升也说明了电力造价咨询行业整体技术水平的提高。2011—2016 年全国电力造价咨询企业人员学历情况如图 4-13 所示。

二、年龄结构

2016 年，全国电力造价咨询行业中 20 ～ 30 岁的从业人员 7240 人，30 ～ 40 岁的从业人员 7291 人，40 ～ 50 岁的从业人员 4178 人，50 ～ 60 岁的从业人员 1614 人，其他从业人员 209 人。经统计 2011—2016 年的从业人员年龄结构情况发现，2016 年 20 ～ 30 岁的从业人员增幅较大，50 ～ 60 岁以及其他类的从业人员出现减少情况，电力造价咨询行业的中青化趋势愈发明显。2011—2016 年电力造价咨询企业人员年龄分布情况如表 4-6、图 4-14 所示。

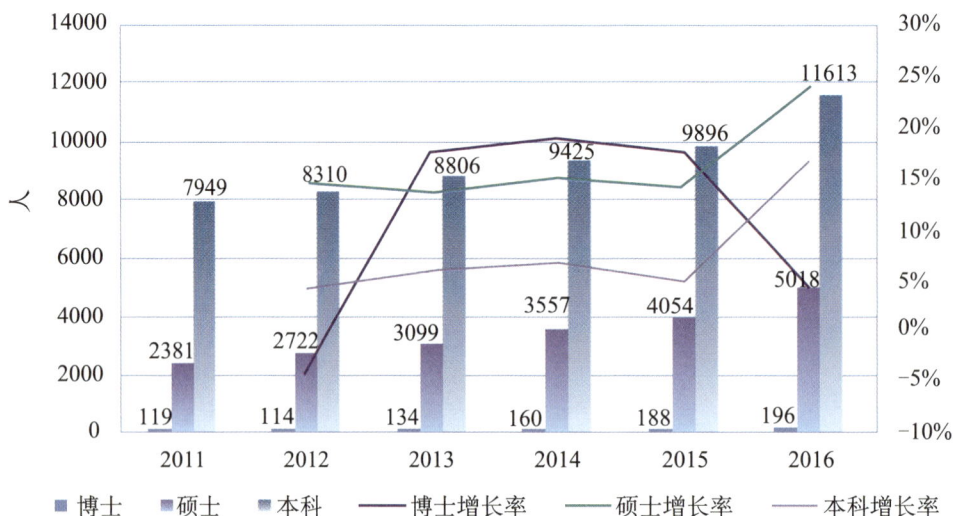

图 4-13　2011—2016 年全国电力造价咨询企业人员学历情况

表 4-6　2011—2016 年电力造价咨询企业人员年龄分布情况

年份	各年龄阶梯人数（人）					
	合计	20～30 岁	30～40 岁	40～50 岁	50～60 岁	其他
2011	16693	5096	5387	3907	2034	269
2012	17525	5232	5922	3905	2169	297
2013	18325	5713	6189	3849	2298	276
2014	19474	5965	6861	4012	2385	251
2015	20448	6263	7342	4087	2480	276
2016	20533	7240	7291	4178	1614	209

图 4-14　2011—2016 年全国电力造价咨询企业人员年龄分布情况折线图

48

三、执业注册情况

2016 年，全国电力造价咨询行业注册造价工程师数量变化不大，共计 1886 人，总体呈现稳定增长趋势；拥有其他专业注册执业资格人员数量共计 9249 人，同比增长 5%。电力造价咨询行业中其他专业注册执业资格人员数量的不断攀升，一定程度上反映出行业企业业务范围的不断拓展和延伸。2011—2016 年全国电力造价咨询企业注册执业人员数量变化情况如表 4-7 所示。

表 4-7　2011—2016 年全国电力造价咨询企业注册执业人员数量情况

单位：人

年份	注册造价工程师	其他专业注册执业人员
2011	1490	5523
2012	1567	6199
2013	1671	6902
2014	1768	7861
2015	1865	8804
2016	1886	9249

通过以上统计结果及图示信息可知：

（1）2016 年电力造价咨询行业总体规模较 2015 年有所扩大，行业发展水平不断提高，但上升势头趋缓，且各地区发展差距进一步扩大。

（2）在收入及利润方面，电力造价咨询行业收入增长趋缓，利润率总体呈现下滑趋势，且利润总额连续两年呈现负增长。这与电力建设投资形势密不可分，也间接反映出行业内低价竞争现象的加剧。低价竞争尽管初期会成为抢占市场的利器，但随着竞争对手的跟进，使得低价差异化的优势荡然无存。长此以往的价格战势必拉低整个行业的利润曲线，使得企业为低价而低价，最终导致企业无力为长远发展投入研发和开展品牌塑造，成为阻碍行业发展的一大障碍。

（3）在人均产值方面，相比于全国造价咨询行业，电力造价咨询行业整体人均产值较高，但差距在逐年减小。究其原因，一方面是电力工业建设投资趋缓，导致规模红利逐步削减；另一方面是电力造价咨询市场的进一步开放，越来越多的企业和从业人员涌入，导致行业竞争进一步加剧。

（4）在服务业务与领域方面，火电项目咨询收入进一步萎缩，新能源工程收入占比增幅明显。传统业务比重呈下降趋势，企业业务向前期投资决策及全过程咨询服务延伸，转型升级趋势逐步显现。

第五章 电力造价咨询行业发展趋势及策略建议

第一节 发展预测

一、电力工业发展预测

（一）全社会用电量增长持续减缓，电力供应进一步宽松

1. 国民经济运行态势预测

发达国家经济低速增长，世界经济仍未走出危机阴影，复苏乏力，还处在结构调整的进程中，呈现低利率、低投资、低通胀和低增长并存的局面。受中国经济稳中向好、印度经济持续高速增长、东盟和拉美国家有望出现正增长等拉动因素，国际货币基金组织和世界银行对 2017 年世界经济做出向好预期。我国经济转型升级和供给侧结构性改革任重道远，需求不振和产能过剩等矛盾依然突出，热点城市房地产政策全面收紧，基建投资连续高速增长，制造业投资经历连续五年下滑，"一带一路"国家战略实施带动我国出口增速略有回升。受外需局部改善和出口拉动，工业企业利润和民间投资有所修复，投资信心逐渐企稳。综合来看，预计 2017 年经济增速比 2016 年略低，但是降幅是收窄的，全年国内生产总值增速略低于 2016 年，预计在 6.5% 左右。

2. 电力消费增速趋缓

经济发展进入高质量发展阶段，发展方式向创新效率与质量型集约增长，经济结构从增量扩张转向调整存量、做优增量并存，用电消费进入了中速增长新阶段。2016 年实体经济运行显现稳中趋好迹象，全国用电形势呈现增速同比提高、动力持续转换、消费结构继续调整的特征，全社会用电量 5.9 亿千瓦时，同比增长 5.0%，虽然受房地产和汽车行业增长放缓以及经济转型压力和环境保护形势等因素影响，我国经济存在一定的下行压力，但长期向好的基本面没有改变，消费稳定增长，新产业新业态蓬勃发展，改革红利逐步释放以及一系列稳增长措施对经济增长形成一定支撑，预计 2017 年全社会用电量达 6.1 亿千瓦时，同比增长 3% 左右。

3. 电力供应能力总体富余

预计 2017 年全年电力供应能力总体富余，其中，华北电网区域电力供需总体平衡，华东、华中、南方电网区域电力供需总体宽松，东北、西北电网区域电力供应能力过剩较多。预计全年全国发电设备利用小时 3600 小时左右，其中火电设备利用小时将下降至 4000 小时左右。预计全年全国基建新增发电装机 1.1 亿千瓦左右，其中非化石能源发电装机 6000 万千瓦左右。预计 2017 年年底全国发电装机容量将达到 17.5 亿千瓦，其中非化石能源发电 6.6 亿千瓦，占总装机比重将上升至 38% 左右。

（二）电力体制改革纵深推进，加速电源结构优化和售电市场放开

新一轮电力体制改革充分体现市场在资源配置中起决定性作用，涵盖输配电价核定、售电侧改革、增量配电网放开、电力交易规则制订等一系列政策和措施均得到有效推进。电源结构与布局持续优化，煤电去产能在政策引导下继续深入，清洁能源比例稳步提升。售电市场放开是新电改的关键进程，逐步扩大市场化交易电量规模，支持发电企业与购电主体签订发购电协议，中小用户可以通过售电公司代理参与市场交易，售电公司可视同大用户参与交易，售电市场将加速扩容，售电（服务）公司的地位将获得有效提升。

（三）电力企业经营压力凸显，产业链面临调整压力

经济发展新常态下，电力过剩和环境硬约束双重压力给电力工业可持续发展带来新的挑战。煤电产能过剩风险显现。截至 2016 年年底，全国煤电装机 9.4 亿千瓦，煤电设备利用小时数降至 4250 小时，受电价下调和供应过剩等因素影响，利润大幅下滑，预计 2017 年煤电燃料成本上涨将导致行业利润继续下滑。2016 年五大发电集团煤电利润同比下降 68.6%，各季度分别下降 33.2%、61.4%、79.5%、96.6%，降幅呈不断扩大态势，燃煤发电企业 2017 年将面临亏损风险。与此同时，2016 年全国弃水、弃风、弃光电量接近 1100 亿千瓦时，造成清洁能源投资的巨大浪费，电力产业链面临巨大调整压力。

此外，燃料、环保等发电成本不断上涨，煤电上网标杆电价接连下调，发电计划进一步放开，导致交易电价大幅度降低。再加上发电设备利用小时持续下降，煤电企业对电煤价格的成本承受能力大幅度减弱，企业利润出现断崖式下降。农网改造任务重、投资大，部分地区改造资金不足，输配电价又面临改革压力，电网企业经营和发展能力受到很大影响。电力建设企业和电力装备企业受电源建设需求下降的影响，国内市场竞争压力持续加大。

（四）全球能源互联网加速落地，成为全球经济发展新引擎

目前，全球能源互联网发展合作组织已经与联合国经济和社会事务部、联合国亚太经济社会委员会、非洲联盟委员会、阿拉伯国家联盟、海湾阿拉伯国家合作委员会电网管理局等五家国际组织分别签署合作协议，拟在互联电网规划、基础研究、政策协同、项目推进、信息共享等方面深化务实合作，共同推动全球能源互联网发展和"一带一路"建设。全球能源互联网必将进一步有效推动特高压领域、智能电网领域，清洁能源领域、电力储能领域科技进步和产业升级，将为全球经济发展新

注入新动能。

（五）"一带一路"硕果初显，助推电力产业"走出去"

"一带一路"的构想从 2013 年提出至今，全球已有 130 多个国家和国际组织积极支持和参与，联合国大会、联合国安理会等重要决议也纳入"一带一路"建设内容。"一带一路"建设逐渐从理念转化为行动，从愿景转变为现实，建设成果丰硕。中国已经同很多国家达成了"一带一路"务实合作协议，其中既包括交通运输、基础设施、能源等硬件联通项目，也包括通信、海关、检验检疫等软件联通项目，还包括经贸、产业、电子商务、海洋和绿色经济等多领域的合作规划和具体项目。已经确立"一带一路"建设六大经济走廊框架，要抓住新一轮能源结构调整和能源技术变革趋势，建设全球能源互联网，实现绿色低碳发展。

"一带一路"倡议为我国电力行业带来诸多新的海外发展机遇：一是为电力行业传统海外业务升级提供了新契机，增大了中资电力企业投资机会；二是为我国电力装备产业提供了更为广阔的市场空间；三是"绿色'一带一路'"理念更有利于发挥我国三代核电和风、光等清洁能源的技术与标准的相对优势。"一带一路"沿线有广阔的电力市场空间，我国企业对外承接工程的总体金额在稳步增加，其中 2016 年达到 2440 亿，同比增长 16%。在细分的各个行业中，电力行业依旧表现出较大弹性，2015 年、2016 年增速显著提升。其中 2016 年我国对外签订电力工程合同达 594 亿美金，同比增长 30%；通过对"一带一路"沿线国家的用电情况进行统计，发现区域内人均年用电量不到 1700 千瓦时，低于全球平均 3000 千瓦时，未来提升空间较大。根据测算，如果未来"一带一路"沿线国家的人均年耗电向目前世界平均水平靠拢，将为全球电力企业带来约 13 万亿元市场增量。

国内电力企业在海外市场竞争中已具备一定优势，国内龙头技术实力已追平日韩对标企业，在超超临界火电机组、特高压输电等特殊市场，也实现了对欧美巨头的超越。此外，我国电力设备及工程总包价格不到欧美企业的一半，在发展中国家具有明显的竞争力。借力"一带一路"，预计 2017 年度在海外承接电力项目中，传统发电工程承包总额增长比例继续平稳增加，输变电工程总包工程总额和单项工程额度也将有所提升。

（六）分布式能源建设进入快速发展期，引领新的能源生产和消费革命

分布式能源具有能效利用合理、损耗小、污染少、运行灵活、系统经济性好等特点，随着国家电力体制改革、油气体制改革的不断推进，分布式能源的发展迎来了新的机遇，特别是基于分布式能源的区域智慧能源，可实现区域售电、售热、售冷、售气并提供相应的技术服务，是未来能源供应体系中不可或缺的组成部分。与此同时，能源供应和消费的商业模式也在不断创新，分布式发电技术、储能技术和

电动汽车、充电桩的快速发展，逐渐改变了传统的供用电模式，促使电力系统、信息系统和第三方服务不断融合，以满足日益多样化的用户需求。

"构建清洁低碳新体系"和"开创节约高效新局面"是能源生产和消费革命的核心任务，集中式的智能电网与分布式能源网络相互结合互动，依托新能源、储能、柔性网络和微网等技术，实现分布式能源的高效、灵活接入及生产、消费一体化。分布式能源的技术进步和应用推广将极大改变传统的能源生产和消费方式、消费模式。积极发展分布式能源，对于实施创新驱动，促进节能减排和污染防治，拉动国内市场需求、培育新的增长点，实现产业发展和环境保护"双赢"，具有十分重要的意义。2016 年 4 月国家能源局印发的《2016 年能源工作指导意见》明确提到：积极发展分布式能源；促进可再生能源就地消纳利用；积极开发利用生物质能、地热能等新能源；推动区域能源转型示范；推进可再生能源与新城镇、新农村建设融合发展。数据显示，2016 年度各地分布式能源建设、多能互补示范项目纷纷立项，分布式能源产业发展已然进入"快车道"。

二、电力工程造价咨询市场发展预测

（一）电力建设投资增速放缓，国内咨询市场竞争压力增加

随着我国电力基础设施规模趋于饱和，我国经济发展单位 GDP 能耗水平持续下降，投资规模和建设速度日益稳健、理性，电力行业现在面临着产能过剩、经济增速放缓、产业结构调整、电力供应大于需求等困难。电力建设投资规模回落，电力装备业和电力建设行业面临调整压力，传统的电力设计（咨询）院将继续提高造价咨询业务比例，同时随着经济发展进入新常态，传统建筑行业的发展进入瓶颈期，一些建筑行业的咨询服务企业进入电力造价咨询行业，电力造价咨询企业的潜在竞争对手增加。市场服务需求总量的降低和竞争对手的增多将加剧电力造价咨询行业竞争。

（二）"一带一路"全面推进，带动海外咨询市场发展

目前，"一带一路"建设由点及面，海陆共进，贯通东西，进展迅速、成果频现。"一带一路"已得到 100 多个国家和国际组织的积极响应，通过贸易合作带动各方经济发展，同时通过基础设施项目造福所有参与国人民。截至 2016 年年底，中国企业已在沿线 20 多个国家建立了 56 个经贸合作区，累计投资超过 185 亿美元，我国共有 47 家企业投资或共建了 1676 个项目。其中在能源基础设施建设方面，我国企业在"一带一路"沿线 20 多个国家投资建设了油气、电源、输变电等领域的 60 多个能源项目，极大地带动了沿线国家能源基础设施建设和国内资源开发，为当地经济发展提供了强大的支撑。

在投资海外电力建设方面，以两大电网公司、五大发电集团、三峡集团、中国

电力建设集团、中国能源建设集团、中核集团等大型央企为主，对外投资规模不断扩大，其中，国家电网公司累计对外投资约 150 亿美元，境外资产总额达 400 亿美元。2016 年新签国际工程总承包、装备出口、技术咨询合同总额达 33 亿美元，其中"一带一路"国家超过 23 亿美元。国家电网公司以电网输变电工程 EPC 总承包为重点，建立了从投资、技术、装备到设计、施工全方位"走出去"的国际产能合作模式，国家电网公司已经建成中俄、中蒙、中吉等 10 条跨国输电线路，同时正在推进蒙古锡伯敖包至中国河北等跨国输电项目，并就利用特高压技术，加强与周边国家联网等方面进行研究，发起成立了全球能源互联网发展合作组织。

"一带一路"战略的提出与不断落实，为电力行业传统海外业务升级提供了新契机，增大了中资电力企业的投资机会，电力"走出去"为电力咨询企业开拓了一个更加巨大、广阔的市场。

（三）大数据信息化成为造价咨询行业的强大竞争力

随着互联网技术和数据采集分析技术的不断发展，建筑业信息化成为未来发展的趋势。通过大量数据的采集与分析，建设单位能够形象地了解工程项目的实时进度、资金使用情况以及出现的问题和带来的影响。施工单位也可以通过实时的数据采集和汇总，控制施工人员的进场数量，在保证质量的前提下提高效率，在合理的工作能效基础上减少投入。同时，可以合理安排施工材料和施工机械的进场，通过相应数学模型和计算机分析，可以有效地控制施工质量和成本，使二者在一定的条件下能够达到动态的平衡。施工双方也可以依据信息收集，确定某个阶段市场上材料的价格，为控制成本和后期进行结算积累数据资料。工程造价信息化带来的强大数据支撑和技术支撑，将突破以往传统技术手段的瓶颈，形成企业的核心竞争力，从而带来项目管理的革命，这是对造价咨询行业的一次洗礼。

（四）业主方新需求

1. 全过程精细化造价管理

随着项目管理技术及业主单位自身管理水平的不断提升，对造价咨询企业提供精细化服务要求也随之提高。传统粗放型工程造价管理模式已不能满足业主单位需求，全过程精细化造价管理需求日益增长。业主方通过委托一家造价咨询公司从项目开始阶段跟进，利用"目标控制、过程控制、动态控制"的理念，将造价控制目标按阶段细化，并根据各阶段特点有效开展精细化造价控制，深化工程设计，细化项目概算，精准施工图预算，层层优化，避免"三超"，从而达到精细化管控目标。

2. 协助业主单位"走出去"

随着全球经济一体化进程的加快，以及全球市场的进一步开放与融合，世界各国尤其是发达国家的大型企业都注重走出国门，在更大范围内优化配置能源资源。中国电力企业和电力建设事业"走出去"已成为寻求发展的必然趋势和手段。然而，在复杂又陌生的异国形势下，业主方在境外投资和工程建设过程中存在着诸多风险和困惑：国际货币市场波动加剧、投资汇率风险加大、项目管理人才匮乏、保险制度不完善、各类标准规范不统一……面对种种风险和困惑，业主单位急需有丰富国际项目咨询经验的咨询企业提供全面的国际工程咨询服务。

3. 增量配电网业务咨询

2016年10月11日，国家发展改革委、国家能源局印发《关于〈有序放开配电网业务管理办法〉的通知》，鼓励社会资本参与增量配电网业务。11月27日印发《关于规范开展增量配电业务改革试点的通知》，确定延庆智能配电网等105个项目为第一批增量配电业务改革试点项目，并提出"坚持公平开放，不得指定投资主体"、"规范配电网运营，平等履行社会责任"等规范开展增量配电业务改革试点的要求，提高了社会主体投资建设的积极性，配网建设投资落地将进一步加速。其中PPP模式将是社会资本进入的最可行途径，同时基于PPP模式的增量配电网建设咨询业务也随之增加。

第二节　机遇与挑战

一、面临的机遇

（一）能源生产和消费革命催生新的咨询服务方向

新的能源生产和消费革命以"构建清洁低碳新体系"和"开创节约高效新局面"为战略目标，以能源技术革命为战略转型保障，绿色、低碳、高效也将成为中国能源转型的必然选择。实现能源增量需求主要依靠清洁新能源，开启低碳能源供应新时代，推动可再生能源高比例发展，提高水能、风能、太阳能并网率，降低发电成本。集中式的智能电网与分布式能源网络相互结合互动，建设基于用户侧的分布式储能设备，依托新能源、储能、柔性网络和微网等技术，实现分布式能源的高效、灵活接入及生产、消费一体化，建设"源—网—荷—储—用"协调发展、集成互补的能源互联网。

电力生产和消费模式的革新及新技术的不断发展，将推动造价咨询市场咨询服务产品的迭代更新。智能电网、互联网＋智慧能源、分布式能源、微电网、电力储能、电动汽车充电桩等新技术的不断创新与发展，为电力造价咨询行业拓展业务范围提供了新的空间，同时也对电力造价咨询行业的创新能力与技术储备提出了更高的要求。

（二）"全球能源互联网"助力"一带一路"，电力"走出去"空间广阔

"一带一路"、"全球能源互联网"和电力系统三者之间具有很强的交叉性、关联性和协同性，电力是现代能源系统的主体，也是未来能源互联网的核心枢纽。"一带一路"国家电力发展很不均衡，电力基础设施建设水平参差不齐，沿线地区和国家清洁能源占比较低，在水电和可再生能源项目开发上有巨大潜力，这些国家和地区间具有电力互联互通的需求。以国内互联、跨国互联、洲际互联三个阶段为实施目标的全球能源互联网在落实"一带一路"倡议中必将发挥越来越重要的作用。构建"全球能源互联网"，通过大电网的延伸和清洁能源的互联互通解决电力普及和能源供应保障等突出问题，得到了周边和"一带一路"沿线国家的广泛支持，他们纷纷表达了共同建设的积极愿望。目前，中国—巴基斯坦电网互联工程、中国—缅甸—孟加拉、中国—缅甸—泰国电网互联工程以及蒙—中—韩—日电网互联工程也在扎实推进。

构建全球能源互联网综合效益巨大，可以拉动经济增长，带动智能电网、特高压、新能源等新兴产业，形成经济发展新的增长极，为"一带一路"建设打造新引擎，为我国电力"走出去"提供更加广阔的前景，也为电力咨询行业带来新的发展空间。

（三）大数据、云计算和BIM技术开启新的造价咨询服务模式

大数据、云计算技术成为现在企业必备的核心工具。党的十八届五中全会明确提出实施"国家大数据战略"，强调能源领域的大数据信息资源建设。2017年政府工作报告提出，深入推进"互联网+"行动和国家大数据战略。以大数据、云计算、移动互联网为代表的信息技术与智能电网为代表的电力技术高度融合，将构建能源变革新格局，激发经济增长新动力。

工程造价信息化是行业趋势，大数据时代的来临，让BIM的应用普及有了新的内涵。通过云造价技术建立线上数据库，对数据进行自动分类识别、储存和实时更新，并以可视化的形式导出现有数据报告及趋势预测，实现数据库智能化功能。BIM技术将建设项目全过程各个环节和各个主体通过信息模型联系在一起，而实现BIM化的前提条件就是各个模块的数据化，云造价带来的数据库能够与BIM系统无缝对接，保证BIM数据实时更新，确保BIM在工程造价的全过程成本管控。大数据、云计算和BIM技术的推广，标志着新的造价咨询服务模式的全面开启。

二、面临的挑战

（一）咨询市场竞争日趋激烈，巩固核心竞争力面临挑战

相关数据表明，世界经济结构性调整的长进程仍未到头，世界经济仍未走出危机阴影，发达国家经济低速增长。我国 2016 年 GDP 增长率为 6.7%，经济发展进入新常态，经济发展增速变缓。电力产业结构调整全面推进，煤电去产能和新能源建设稳步推进。火电增速放缓的同时，新能源的消纳和送出还存在一定的问题，电力供应总体富裕，2016 年全社会用电量增幅为 5%，根据相关部门的预测，2017 同比增长 3% 左右。2017 年，发电企业、电网企业、电力建设企业、电力装备企业受电源建设需求下降影响，市场竞争压力将持续加大。受建筑业市场低迷和电力建设增长趋缓影响，咨询市场中电力设计院、咨询公司、监理公司、工程项目管理公司、电力勘察设计院等同质竞争现象将加剧，随着基础设施建设的增长变缓和房地产业的调整，其他行业的造价咨询企业将进入电力咨询市场，电力咨询行业的竞争将更加激烈。面对这种行业内激烈的竞争环境，电力咨询企业如何稳固自身优势，深化主营业务，提高自身核心竞争力，是其面临的一大挑战。

（二）造价咨询模式革新，咨询企业服务创新能力面临挑战

随着互联网、大数据、云计算、BIM 等信息技术的发展，建筑行业的创新力和生产力将得到大力提升，传统计价咨询服务模式将受到重大影响，基于互联网和大数据技术的云造价和 BIM 技术将有效提高计价服务质量、降低服务成本、提高咨询工作效率，将工程造价行业推向新的高度。造价咨询企业需要及时突破现有技术瓶颈，及时调整战略，把捕捉数据、分析数据、预测数据转化为新的竞争力，利用 BIM 技术，实现对建造成本进行全过程动态分析和管理。国内现有的工程造价咨询企业多数尚未开展这些研发工作，新型咨询模式的出现对电力咨询企业的服务创新能力提出了更高的要求，是其面临的一大挑战。

（三）新的能源技术革新，造价专业人员素质面临挑战

能源生产和能源消费模式的变革，带动新的能源技术革新，电力是能源技术革命的核心内容。在能源技术大变革的背景下，煤炭清洁利用技术、可持续能源、智慧能源、分布式能源、电力储能、能源互联网、特高压、柔性直流以及新的用电方式将是电力技术发展的主要创新方向，新的能源技术革新将会带来新的建设投融资模式和建设管理模式。一方面，技术创新与应用为我国电力咨询企业拓展业务范围提供了广阔空间，同时也对咨询企业的人才储备提出了更高的要求。工程咨询归根到底是一种技术咨询，工程计价的基础是对施工人、材、机等消耗量的准确测量，对新技术的理解和认知是准确计价的基础。

传统的电力咨询企业过度依赖定额和计价软件，部分造价咨询人员对于新技术新应用不敏感，对新技术革新缺乏应对能力，电力咨询企业如何打造一支全面适应新技术革新的专业化高素质人才队伍，以适应企业与市场发展的需要，是其面临的一大挑战。

（四）造价咨询行业服务范围单一，多元化建设面临挑战

从计划经济时代开始，工程项目的建设被人为地分割成立项、设计、招投标、施工、结算等不同部分，每一个部分都有相似的重复工作。而工程造价咨询一直在工程项目建设的后期发挥作用。其实，一个项目的经济性早在项目立项时就已经开始显现，造价控制管理越早实施，越容易将问题解决在早期，从而避免更大的损失。当前造价咨询企业的服务依然局限在事前的招投标和事后的结算审核阶段，造价管理的精细化和全过程管理的技术支撑及软件支持仍不够，造价咨询企业的项目群管理能力和数据库建设已大大落后于时代的需要，企业核心竞争力建设需加强。

与工程造价咨询行业发展较早的国家相比，我国的造价咨询行业服务范围单一，各个部分一般分别由不同的咨询公司负责，使得整个工程项目的计价过程没有连贯性可言，因此也出现了大量的问题。大部分咨询企业所提供的服务时间很短，内容简单，附加值低，不能对行业产生推动性作用。而反观国外的造价咨询企业，已经进入工程项目建设过程中的各个部分，不仅为工程项目提供计价服务，而且还根据市场的变化情况为业主或施工方提供决策信息服务等，为项目的全过程提供造价咨询服务，实现多元化业务发展。这样不仅使整体的造价控制有了一定的连贯性和统一性，又能够推进造价行业的发展。

（五）电力"走出去"业务稳步攀升，涉外咨询服务水平面临挑战

我国"走出去"战略的提出是在本世纪初，近几年来，面对全球经济增长缓慢、国际承包工程市场整体表现低迷等不利因素，我国对外承包工程行业紧跟国家"一带一路"倡议和国际产能合作指引，多举措加大市场开拓力度，行业整体业务稳步攀升，对外承包工程完成营业额及新签合同额均有不同幅度增长。

我国电力建设企业具有较强的技术实力和项目实施经验，在国际市场上具有较强的竞争力，特别是随着"一带一路"建设的推进，与沿线国家电力建设领域合作取得了较好成绩。在火电和水电等大型项目合作方面的竞争力显著提升，风力发电和太阳能电站建设业务也取得较大突破，在核电建设领域的优势也陆续显现，以高温气冷堆技术为代表的我国第四代核电技术已经走在世界前列，产业核心竞争力显著提升。在合作模式上，除传统 EPC 模式外，由于目前国际基建需求旺盛但建设资金不足，PPP 模式在全球范围得到推广。

借力"一带一路"和"全球能源互联网"战略，电力"走出去"无论在合作范围还是合作深度上都将稳步提升，走出去不只是技术产品走出去，同时也是服务走出去，需要大量的标准对接和制度对接，无疑对工程造价咨询企业提出了新的要求，对咨询专业人员的涉外业务能力提出新的挑战。

（六）部分地区行政监管队伍建设滞后，行业管理改革有待深化

近年来，为完善市场决定工程造价机制、规范工程计价行为、提升工程造价公共服务水平，各级行业管理与服务机构积极贯彻改革精神，部署改革工作，制定改革任务的具体实施方案，积极稳妥地推进工程造价管理改革，在推进造价立法工作、发挥计价依据在推动建筑业转型升级中的支撑作用、创新监管体制、化解工程结算纠纷等问题上取得了一定的成效。但在落实工程造价管理改革任务的过程中，仍存在如下严重阻碍改革进程的问题：

（1）不同地区间工程造价管理改革开展不平衡。部分地区改革创新意识薄弱，改革进程缓慢，对工程造价咨询市场的行政监管方式趋于简单化，缺乏助推建筑业转型升级和新型城镇化建设的改革举措。

（2）一些地区不能及时修订定额，导致工程定额难以反映当地建筑市场实际情况，尤其是定额人工单价与建筑市场实际劳务价格偏差过大，严重影响这些地区工程定额的公信力。

（3）部分地区工程造价行政监管队伍建设滞后，加之一些工程造价管理机构由于地域和政策差异，难以吸引高水平专业技术人才，导致部分工程造价管理机构整体技术素质呈下降态势，影响了工程造价行政监管的效能。

（4）行业行政审批制度改革有待进一步深化。在信息化的推动下，应简化资质资格申请程序和材料要求，但部分地区尚未实行电子化的审批流程和管理系统，办事效率有待进一步提升。

第三节　策略建议

一、行业应对策略

（一）完善电力行业信用体系，提升行业自律服务

为适应新形势对电力造价咨询行业提出的新要求，行业协会仍需进一步推进电力造价咨询行业信用体系建设，在不断提升服务能力和水平的基础上，加强行业自律管理，引领电力造价咨询企业共同建立行业自律公约，制定更为详尽并具备可操作性的行业内部自我监督、自我约束的规范文件，规范从业者行为，维护公平竞争的市场机制，保障咨询企业的正当利益。参照国家有关标准，结合电力造价咨询行业的发展实际，进一步完善信用信息共享、企业信用评价、企业信用管理体系认证等方面的标准规范，逐步形成信用工作标准体系，制定行业操守准则，强化行业自律管理，通过信用管理推进电力造价咨询行业信用体系建设，发挥宣传倡导、约规

自律、信息整合、监督惩戒四大功能。完善信用体系建设，首先，应建立健全企业和个人信用档案，明确电力造价咨询企业和咨询人员信用评价标准和方法，逐步取代企业资质和个人资格，充分发挥信用信息对失信行为的监督和约束作用。通过行业信用评价工作，利用网络、报纸、杂志等媒体对具有代表性的 AAA 级信用企业进行宣传，在行业内树立信用典范。其次，不断建立和完善信用信息库，向社会开放电力行业市场信用信息平台，提高网络查询，披露信用情况，实现信息公开共享。充分发挥市场机制在信用体系建设中的积极作用，培育信息产品需求，形成信用服务市场，让信用等级高、廉政建设好的企业在市场中占据优势。最后，提升电力行业信用服务，积极倡导行业自律，对诚实守信企业积极表扬，实施推荐名单制度，不断举行专业领域信用评比，提高电力行业信用评价的社会影响力和社会公信力，助推行业健康有序发展。

（二）完善职业技能培训体系，加大人才培养力度

随着"一带一路"和构建全球能源互联网等战略的推进实施，人才培养需要与国际工程对工程造价专业人才的技术能力要求接轨，政府部门去行政化后，需要激活社会组织活力，积极创新人才培养形式。加强电力行业造价人员队伍建设，是保证造价工作得以健康、规范、可持续发展的前提。发挥行业协会的整合资源能力优势，将行业内学习交流合作作为常态工作开展，建立行业专家智库，通过论坛形式宣讲、分析、学习新技术新形势，研究解决共性问题。同时，还要大力培养行业的后备人才，以"引领行业进步、培养阶梯人才、提升职业技能、搭建交流平台"为宗旨，以"为行业培养复合型、高素质人才，满足行业健康、可持续发展需求"为目的，以"以人为本，将培训系统化、专业化、实用化、优质化、全面化、国际化"为原则，加大人员的培训力度，让电力造价咨询从业人员能够成为行业持续、健康发展的不竭动力。

（三）完善信息平台建设，提升行业服务水平

进行行业发展前景预测，制定行业发展规划，是政府职能转变后行业协会助力行业发展、提升服务水平的重要职责。进一步加快电力行业信息建设，构建统一信息平台迫在眉睫。一是通过网络、论坛、研讨会、刊物等多元化的形式和手段，构筑中国电力造价咨询行业的交流平台，为国家间、行业间、企业间、会员间的学习交流创造良好的氛围，并组织国内外造价咨询同行之间的考察、学习和访问等交流活动。二是加快大数据平台和已完工程数据库的开发建设，强化对电力建设工程造价信息的收集和梳理，跟踪造价构成要素价格变化趋势，研判未来电力建设工程造价水平，为造价咨询企业提供造价信息咨询服务，助力企业开拓前期决策咨询服务市场，协助政府对电力工程建设造价水平进行监控。三是加强举办电力行业内优秀

成果和优秀论文的评选活动，为电力工程造价领域新理论、新方法的研究以及新问题、热点问题、难点问题的研究与研讨提供学习与交流的平台。

（四）建立国际交流合作，扩展对外合作层面

落实"一带一路"战略，加快电网互联互通，推进跨境输电通道建设，积极开展区域电网升级改造，推动水电、核电、风电、太阳能等清洁、可再生能源合作，将赋予我国电力建设投资新机会，开启我国电力设备海外新蓝图。为更好地服务于电力造价咨询行业走出去，行业协会应加强与国际成本工程协会（AACE）、亚太区工料测量师协会（PAQS）、英国皇家特许测量师学会（RICS）等国际组织的交流与合作，吸收电力造价服务领域的前沿理念，帮助电力造价咨询企业全面了解国际惯例，参与国际竞争，扩大市场份额；其次，应加强具备国际项目造价咨询服务能力的人才培养与人才储备，鼓励电力造价咨询专业人士加入相关国际组织，学习交流行业经验，实现技术与人才引进，为电力工程造价咨询行业"走出去"储备力量。

（五）完善相关标准规范制定，助推企业"走出去"

围绕"一带一路"和构建全球能源互联网战略实施，加快行业标准化工作改革调整步伐，加大国际交流力度，助力电力企业"走出去"。梳理国际造价咨询服务标准体系，做好国际通用标准的引进和宣贯工作，同时借助国内建设投资走出去之际，促进国内标准符合海外电力工程建设需求，方便造价咨询企业更好地承接国际咨询项目。

（六）洞察行业发展新趋势，引导企业向高端发展

未来电力建设项目将呈现智能化、清洁化、信息化、国际化的发展趋势，行业协会应助力造价咨询企业顺应行业发展趋势，满足市场需求，引导企业向高附加值服务方向发展。推动大型造价咨询企业做大做强，引导中小企业做专做精，形成业务领域各有侧重、市场定位各有特色、业务竞争公平有序的合理布局。鼓励企业以创新方式整合资源，提供一揽子服务，打通全产业链，响应各方核心需求，塑造核心竞争力，提升服务价值。

二、企业应对措施建议

（一）强化咨询工作质量管理，在竞争中谋不败、谋领先

造价咨询企业的工作质量由造价咨询产品（服务）的水平、服务态度和服务工期等构成，主要取决于造价人员的专业水平、敬业精神和职业品行，以及企业的管控水平。在经济进入高质量发展阶段、电力供应宽松的现实背景下，电力企业之间的竞争不断加剧，电力造价咨询行业大增长的发展阶段已经过去，在造价咨询产品区域同质化的情况下，如何能在新的竞争环境中立于不败之地，咨询服务质量的有

效管控将是唯一选择。企业应重视制度和标准的完善，同时应做好技术储备、人才准备，保证企业走在造价咨询行业的前沿。

（二）加强专业人才建设，提高企业核心竞争力

人才建设是企业发展的基础，面临能源技术变革和电力"走出去"战略背景以及大数据、云造价和BIM技术的不断发展，人才建设刻不容缓。电力造价咨询企业既要继续做好传统电力工程投资咨询业务，同时应该积极响应和参加到电力技术变革中来，分布式能源、多能互补、微电网、储能技术、能源互联网、智能电网、特高压和柔性直流技术是目前电力建设的热点技术，随着"一带一路"和"全球能源互联网"建设的稳步推进，电力"走出去"迫切需要懂技术、熟悉国内外工程计价方法的高端人才。同时，伴随着大数据、云计算和BIM技术的进步，基于互联网的云造价等新的造价咨询服务模式必将在电力造价咨询领域逐步推广，对造价咨询从业人员提出更高的要求。功以才成、业由才广，对于造价咨询企业而言，认清电力行业发展形势，重技术、重人才，做好技术储备和人才培养，才能在新的电力革新浪潮中稳步向前。

（三）深化企业规范管理，注重品牌培植

企业管理作为一项系统工程，要使系统实现高效、优质、低耗，就必须按照一定的框架，对企业各项管理要素进行规范化、程序化、标准化设计。传统工程造价咨询企业要做大做强，必须在组织结构、运营流程、绩效考核等方面建立科学系统的规章制度，使企业的每项工作做到"有规可依、有规必依、执规有据、违规可纠、守规可奖"，用开放、公正的管理制度，促进企业凝聚力和向心力的形成。与此同时，结合企业自身优势，寻求企业在产品、服务、营销手段等方面的差异化发展。"以服务主导逻辑"来为客户提供专业化咨询服务，通过提升服务品质来强化客户对企业的认同，培养客户对企业的忠诚度，实现企业的品牌效应，增强企业的不可替代性。

（四）深化企业信息化建设，建立企业工程造价数据库

以项目全过程为主线，以造价管理为核心，以多方协同为基础，加强企业工程造价管理信息化建设，在原有基础上对工程造价信息数据进行标准化以及对各类造价信息收集及处理方法的标准化。全面整合估算、概算、预算、结算等各个阶段的工程造价信息，将分阶段割裂的片断造价信息系统分类、整合，并制定企业造价信息交流和共享标准，让不同数据使用者能够进行数据的操作运算及分析，从而促进工程造价信息的共享与交流，使已完工程造价信息成为企业承接、开展业务的技术工具，发挥应有的商业价值。

（五）抓住市场机遇，开拓国际市场

在全球能源互联网发展合作组织和有关各方共同努力下，全球能源互联网建设

不断取得进展。依托国家"一带一路"战略以及国际多边双边合作机制在电力投资、技术进步、产业合作等方面带来新的机遇，电力行业企业积极贯彻落实国家"走出去"战略要求，加大对外投资的力度，投资范围涉及水电、火电、风电、输变电等领域，稳步有序开拓国际市场，推动区域电网互通互联，积极参与国际标准制定，破除国际贸易技术壁垒。电力"走出去"必将成为我国电力发展的新的引擎，在"一带一路"沿线，包括我国境内部分地区，电力行业将迎来新的发展机会，电力造价咨询企业应牢牢把握市场机遇，在站稳国内市场的基础上，努力提高业务素质，积极培养涉外造价咨询能力，借助行业平台，与电力企业"抱团出海"，开拓国际市场。

专题一　国际工程造价管理及企业发展经验借鉴

第一节　国外主要工程造价管理典型模式

许多发达国家的建筑工程造价管理已在系统化、规范化、标准化的轨道上运行多年，成为了国际惯例。目前国际上公认的工程造价管理模式主要包括英国、美国、日本等三种典型模式。

一、英国管理模式

（一）行业管理

1. 行业协会管理与服务

英国工程造价咨询公司在英国被称为工料测量师行，英国政府对工料测量师行的管理力度很大，建设主管部门的重点放在有关政策和法规的制定上，通过全面规范工程造价咨询行为以达到咨询活动的有序进行。此外，社会上还有很多政府所属代理机构和社会团体组织，如英国皇家特许测量师学会（RICS）等协助管理。工料测量师行成立的条件必须符合政府或相关行业协会的有关规定。工料测量师分为普通和高级两个职称，二者的资格确认、培训和授予工作均由 RICS 负责。

工料测量师（Quantity Surveying，QS）是独立从事建筑造价管理的专业人员，也称为预算师。其工作领域包括：房屋建筑工程，土木及结构工程，电力及机械工程，石油化工工程，矿业建设工程，一般工业生产、环保经济、城市发展规划、风景规划、室内设计等。工料测量师的服务范围包括：初步费用估算、成本规划、确定承包合同方式、招标代理、造价控制、工程结算、项目管理等。一般业主在准备投资某一项目时，均要请工料测量师进行可行性研究、投资估算、招标文件编制、设计阶段及施工阶段的投资控制，但业主对于工程有绝对控制权。对于承包商而言，在进行工程施工时，也要聘请工料测量师为其进行工程量的计算、估算，编制投标书，进行投资控制等。

2. 政府监督与管理

对政府大型土木工程项目的管理，英国的法律法规规定了严格、明确的管理与监督程序：通过规划审批、设计（技术）审查、施工（质量）检查、健康安全管理等环节实现。承担大型土木工程设计与施工的大多为权威的咨询公司与承包商，其技术、管理、资历和信誉多是可信赖的，并要求提供履约担保和工程保险，必要时，委托第三方咨询机构进行工程监理，负责技术把关。

（二）服务收费

英国政府对工程咨询业服务收费没有统一规定，但行业协会有统一要求，工料测量师行受雇于业主，针对工程规模大小、难易程度，按总投资计算收费，其收费标准比较高。我国香港特区工程造价咨询服务费也是按此标准收取。

（三）计价模式

英国没有计价定额和标准，只有统一的工程量计算规则，即：在建筑工程方面，是皇家测量师学会组织制定的《建筑工程工程量标准计算规则》；在土木工程方面，是英国土木工程师学会编制的《土木工程工程量标准计算规则》。它们较详细地规定了工程项目划分、计量单位和工程量计算规则。工程量是工料测量师按照图纸和技术说明书依据统一的工程量计算规则计算求得；而价格是根据市场价格，随行就市。所以有关工程造价的信息资料对工料测量师非常重要。工料测量师可以从政府和各类咨询机构发布的造价指数、价格信息指标等获得有关工程造价的资料。

二、美国管理模式

（一）行业管理

建筑业是美国的第二大行业，大约占美国国内生产总值的8%。近两年来，美国建筑市场投资总额每年都高达6000亿美元。美国的建设工程项目分为政府投资项目和私人投资项目。对于政府投资项目，美国采取谁投资谁管理，即由政府投资部门直接管理的模式；对私人管理项目，政府不予干预，但对工程的技术标准、安全、社会环境影响和社会效益等则通过法律、法规、技术标准等加以引导或限制。美国联邦政府没有设置主管建筑业的政府部门，因而也没有主管工程造价咨询业的专门政府部门，工程造价咨询业完全由行业协会管理。工程造价咨询业涉及多个行业协会，如美国土木工程师协会、总承包商协会、建筑标准协会、工程咨询业协会、国际工程造价促进会等。

美国国际全面造价管理促进会的前身是美国造价工程师协会（AACE），成立于1956年，于1992年更名为AACE-I。该协会一直处于造价估价师、造价工程师、项目计划员、项目经理、项目控制专家行业协会的领导地位。协会是个独立的行业协会，在78个国家和71个地区有会员，在世界范围拥有5500多名会员，是最大的服务于造价管理全过程的组织。协会下设技术局、注册局、教育局等，其中技术局在协会中扮演着极其重要的角色，负责造价工程的范围和定义制定、批准协会的技术标准、技术基金的使用。

（二）服务收费

美国对工程造价咨询业服务收费没有统一规定，一般是协商确定。咨询服务收费方式有两种：一种是采用建设项目工程造价的估算额和概算额的百分比计算，其收费标准比较高，咨询服务业务内容是全过程，不再区分具体咨询项目。另一种是采用年薪制，通常是服务于业主的估价人员，为业主服务按此方式收取。国际一些咨询公司的主要负责人的日薪在 600 ～ 1500 美元之间，其薪资水平除与咨询服务项目的重要性、风险性、复杂程度相关外，还与造价专业人士的专业水准、资历、工作经验密切相关。

（三）计价模式

1. 计价依据

美国没有统一的工料测量方法，招标文件中一般不提供工程量。承包商根据图纸计算工程量，依据自身的劳务费用、材料价格、设备消耗、管理费和利润资料来计量价格，汇总编制标书。美国工程估价体系中，有一套前后连贯统一的工程成本编码。美国建筑标准协会（CSI）发布过两套编码系统，分别叫做标准格式（MASTERFORMAT）和部位单位格式（UNIT- IN- PLACE），这两系统应用于几乎所有的建筑物工程和一般的承包工程。其中，标准格式用于项目运行期间的项目控制，部位单位格式用于前段的项目分析。

2. 估价方法

业主与承包商的估价过程有很大不同。业主的估价一般在研究和发展阶段进行，需要考虑工艺技术及应用风险、投资策略、场地选择、市场影响、运输、操作、后勤以及合同管理策略等一系列的问题，具有较大的不确定性，其采用的估价方法一般为参数法。承包商一般均在项目的中期和后期才开始介入，此时业主的意图已经清晰，承包商只需要根据业主给出的初始条件来设计、建设。承包商采用的估算方式一般为详细单位成本或行式项目估算。美国在成本估价方面总结出了许多的方法，可供估价人员在不同的估价阶段选用。这些方法包括单位成本法、设备因子法、规模因子法以及其他参数法等。

3. 外部数据采集及数据开发

美国的大型承包商都有自己的一套估价系统，同时把其单价视为商业秘密，其惯例是不向业主及社会公开其价格信息。但对于估价人员来讲，仍然有许多的估价资料可供使用，如国家电气承包商协会（NECA）出版的关于电气工作人工单价手册（以及其他商业和专业学会出版物等）。一般说来，过去的经验数据不能满足现在的要求；但是，如果估算人员没有充分明确的数据可以利用，也可对过去的数据进行再分析，取出与本工程有关的数据，并考虑新旧工程的不同之处，对数据进行适当的调整后再加以利用。

三、日本管理模式

（一）行业管理

日本工程造价咨询行业由日本政府建设主管部门和日本建筑积算协会统一进行业务管理和行业指导。其中，政府建设主管部门负责制定发布工程造价政策、相关法律法规、管理办法，对工程造价咨询业的发展进行宏观调控。

日本建筑积算协会作为全国工程咨询的主要行业协会，其主要工作包括：推进工程造价管理水平的调查；研究工程量计算标准；建筑成本等相关的调查；研究专业人员教育标准；专业人员业务培训及资格认定；工程造价咨询事务所相关业务调查研究等。

工程造价咨询公司在日本被称为工程积算所，日本工程造价咨询事务所成立的条件要比英国、中国宽松。工程造价事务所的主要人员为积算师，实行积算师资格认定制度，资格认定实施工作由日本建筑积算协会负责，资格认定专业人员必须参加考试，考试合格者可获得资格认定。日本的工程积算所一般对委托方提供以工程造价管理为核心的全方位、全过程的工程咨询服务，其主要业务范围包括工程项目的可行性研究、投资估算、工程量计算、单价调查、工程造价细算、标底价编制与审核、招标代理、合同谈判、变更成本积算、工程造价后期控制与评估等。

（二）服务收费

日本工程造价咨询事务所的咨询服务收费完全由市场调节，针对不同服务内容和服务对象由双方协商确定。

（三）计价模式

日本的工程积算是一套独特的量价分离的计价模式。所谓"积算"，是以设计图纸为基础，计量、计算构成建筑物的各个部分，对其结果进行分类、汇总，是对工程费用进行事先预测的技术。日本建设省（现称为国土交通省）制定一整套工程计价标准，称为《建筑工事积算基准》，其工程计价的前提是确定工程量。工程量的计算，按照标准的工程量计算规则，该规则是由建筑积算研究会编制的《建筑数量积算基准》。该基准被政府公共工程和民间（私人）工程广泛采用。在计价中将整个工程分为不同的种目（即建筑工程、电气设备工程和机械设备工程），每一种目又分为不同的科目，每一科目再细分到各个细目，每一细目相当于单位工程。由公共建筑协会组织编制的《建设省建筑工程积算基准》中有一套《建筑工程标准定额》，对于每一细目（单位工程）以列表的形式列明单位工程的劳务、材料、机械的消耗量及其他经费（如分包经费），其计量单位为"一套"（即 Lump-sum）。通过对其结果进行分类、汇总、编制详细清单，这样就可以根据材料、劳务、机械器具的市场价格计算出细目的费用，进而可算出整个工程的纯工程费。这些工作占整个积算业务的60% ～ 70%，是积算技术的基础。

综上所述，从能够提供的咨询业务范围看，包括宏观经济环境分析、项目可行性研究、概预算、承包模式咨询、成本控制招投标文件编制与审核、施工过程中的财务报表与变更成本估计、竣工结算与决算、合同索赔、与基金组织协作、成本重估、对承包商破产或并购后的应对措施、应急合同财务管理等。从企业的管理经验、技术力量、员工素质角度看，我国的造价咨询企业远不如英国和日本。日英的咨询企业法人资金雄厚，管理经验丰富，服务手段先进，有强大的系统软件支持，能提供详尽的工程进展及支付资料，并能提出分析意见和控制措施。英国和日本建立的工程造价咨询专业责任险制度降低了企业的损失风险，并且可以确保赔偿委托人的全部损失，从而更易于获得客户的信任。

与发达国家造价咨询企业相比，我国企业竞争能力总体处于劣势地位，在公司管理、拓宽业务范围、提高从业人员素质、建立责任险制度等许多方面还有很长的路要走。

第二节　国际化咨询机构业务模式

不同的环境下，企业会选择不一样的路径进行国际化开发，国内外企业由于其历史背景和政治经济环境不同，在进行国际化开发时也会有所不同。以下以 A 企业为例，通过分析 A 企业的主要业务模式，以期达到对我国电力造价咨询企业提供经验借鉴的目的。

A 企业为亚洲区杰出的工料测量及工程造价顾问公司，以工料测量及造价咨询业务这一传统业务为主，在传统业务的支撑下，近年来发展了项目管理、项目监督、尽职调查、法律支持、研究工作等增值业务。根据业务盈利能力，可将 A 企业的业务分为盈利性业务和支持性业务两类。盈利性业务包含造价类业务与项目管理类业务，此两大类业务相互独立，其独立性不仅体现在工作内容上，隶属的公司也不相同。

造价类业务主要是指咨询单位利用工程造价类知识、工具与方法为客户提供成本分析、价值分析、造价确定、造价控制等服务。根据服务对象及工作范围，可细分为为银行等金融机构服务的项目监督及尽职审查、为房地产开发商服务的工料测量及造价咨询等业务。其中，项目尽职审查是为银行提供贷款单位抵押物价值评价与拟建项目的存在性、盈利性分析等工作，项目监督有广义和狭义之分，狭义项目监督是指造价咨询单位受银行委托监管借贷资金的使用情况，广义的项目监督还包含尽职审查工作；工料测量及造价咨询业务是指在工程设计—建设—竣工及交付阶段，为业主提供采购策略及合同安排，同时通过成本审核、财务报表、价值工程等手段，实现对设计和建设阶段的工程成本的有效控制。项目管理类业务为客户提供工期、质量、成本、风险等方面的控制工作，帮助客户实现既定工期、质量、成本目标。

一、工料测量与造价咨询业务

A 企业工料测量及造价咨询业务（Quantity Surveying & Construction Cost Management）的主要特点是全过程造价管理，负责决策—设计阶段的项目估算，招标阶段的清单准备与招标，施工阶段的合同管理等。另外，A 企业全过程造价管理主要突出以下特点：

（1）从组织上看，项目团队稳定。从项目组建到项目结束，主要管理人员与技术人员一般保持不变，从而减少了接口界面。

（2）从沟通方式上看，团队信息共享。通过 DLSNET 软件，团队成员共享项目信息，可以在系统内进行信息公布、工作检查等，从而实现项目团队成员之间的网络式沟通。

（3）从不同部门的协调上看，技术部门与非技术部门都在项目中的某一阶段或者某项工作中充当部分角色（比如，R&D 技术部门负责向项目提供价格参数、分析现金流、项目可研阶段的估算等，商务支持部门（Business Support Unit，BSU）非技术部门向项目提供打印等服务），当任务结束时，人员自动与项目脱离。

（4）业务的规范化。A 企业公司的业务规范化主要体现在：

1）操作过程规范化。项目人员需根据操作手册（Practice Manual）规定运用一定的工具方法完成各阶段的任务。

2）咨询结果规范化。审核人员根据检查表（Check List）中的内容核对工作，经核对签字后方能呈送客户。

A 企业公司实现业务操作规范化的主要手段有三：工作步骤、操作要点、业务审核。其中，工作步骤、操作要点属于操作过程规范化内容，业务审核属于咨询结果规范化内容。A 企业规范化管理体系如图 1 所示。

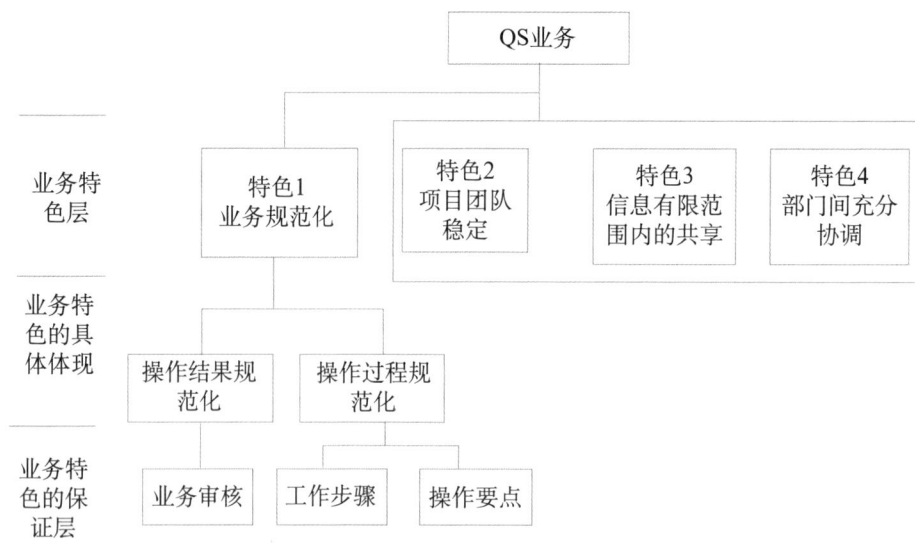

图1 A企业规范化管理体系

二、项目监督与尽职审查业务

（一）项目监督与尽职审查（Project Monitoring & Due Diligence）之间的关系

1. 项目监督与尽职审查（Droject Monitoring & Due Diligence）之间的关系

A 企业公司将尽职审查业务的功能定位于："协助银行及私募基金公司，在房地产项目买卖前为新建或半建成的建筑物进行尽职审查或者投资评估"。举例来说：若某一个建设单位有一个项目，但是没有相应的建设资金，需要向银行借款。此时，为保证该借款安全可靠，银行会要求建设单位提供房产或其他固定资产作为抵押。银行委托专门的造价咨询公司对该资产进行评估，确定该资产的价格等信息。这就构成尽职审查业务。

尽职审查之后，贷款获得批准，银行会继续委托造价咨询单位对借贷资金的使用情况进行监管，即项目监管，以确认项目是否花在向银行申请的项目上，这就是项目监督。

2. 工料测量业务与项目监督与尽职审查业务中的关系

首先，从服务对象上看，工料测量业务服务对象为房地产开发商，项目监督与尽职审查业务的服务对象为银行。

其次，从提供服务的人员上看，工料测量业务与项目监督与尽职审查业务都由工料测量师提供。

最后，从服务内容上看，都涉及项目的可研分析、成本估算、建设过程中的资金管理等方面的内容，采用的工具方法也相同。

（二）项目监督业务与尽职审查业务分析

项目监督与尽职审查业务开始于 20 世纪 90 年代，A 企业公司将项目监督团队的作用定位于：通过风险识别、风险应对建议，保护客户效益；同时使得项目不受客户直接控制，使客户在发展中获得效益。在建设过程中，项目监督团队充当客户的"耳目"（Eyes and ears），帮助客户更好地实现风险控制、成本控制、计划控制、质量控制等目标。

广义的项目监督服务可以分为两个阶段：尽职审查初期阶段（Initial Due Diligence）和监管阶段（Monitoring）。

A 企业公司将尽职审查团队的角色定义为："协助银行及私募基金公司，在房地产项目买卖前为新建或半建成的建筑物进行尽职审查或者投资评估"。此项业务主要是在购买项目之前帮助业主做评估，以识别项目的潜在风险，确定投资的可行性。尽职审查业务的工作内容等同于项目监督业务中的尽职审查初级阶段。具体工作内容如表 1 所示。

表 1　项目监督业务与尽职审查工作内容

阶段	工作内容	Tob Content
尽职审查初级阶段	发展评估	development appraisal
	建筑现金流	development & construction cash flow
	设计资料 / 图纸、设计规范、性能资料	Design information-drawings, specification, performance information
	建筑信息质量 / 信息的深度及广度	construction information quality-scope&breadth of information
	拟建的项目团队 / 能力、业绩、声誉、符合性	proposed project team-competency, track record, reputation & suitability
	项目团队任命单 / 工作范围，取费标准	project team appointment-scope of service, fee levels, etct
	建筑成本估算	construction cost appraisal
	规划 / 建设发展规划	programme-development and construction programme
	采购方式 / 动态方式及现场方式	procurement route-development level and construction level
	技术报告及调研	technical reports & investigation
	保险设备 / 建造，设计，现场保险等	insurance provisions-construction, design, site insurance, etc
	法律审批及法律约束	statutory approvals & requirements

阶段	工作内容	Tob Content
监管阶段	与规划不一致的项目进度	progress against programme
	资金使用超预算	financial position against budgeted allowances
	指令 / 有计划的变更 / 新增项目	any variation or additional items instructed/anticipated
	质量标准概要	general quality standard
	在尽职审查初期阶段报告监督报告比较突出的项目的进展情况	progress of any issues outstanding in Initial Due Diligence report，or the previous periodic monitoring reports

三、项目管理业务

A 企业的项目管理业务和国内的项目管理业务有很大差别。国内的项目管理主体主要由项目经理及其带领的团队组成，全程负责项目的建设过程；而 A 企业的项目管理业务是由咨询单位提供沟通协调作用的服务，其主要工作是为业主提供联络协调和进度安排、投资控制等，属于服务于业主的咨询服务。

项目管理团队直接服务于业主，为业主提供专业咨询意见，但是不提供技术服务，如法律服务、结构设计等，在业主需要的情况下，为业主推荐适当的顾问。项目管理团队有一项重要的工作就是评标，A 企业评标过程中由项目管理团队组织专家担任评标委员会成员，对承包商标书中不清晰的部分可以进行澄清会议，最终向业主提出评标结果和中标建议。

第三节　经验启示

通过以上对国际工程造价管理模式和国际化咨询企业主要业务模式的了解，我国电力工程造价咨询行业"走出去"，应做好以下准备：

一、提高市场服务能力

应在工程造价咨询业建立与国际惯例相一致的工程造价咨询机构，推行合伙人制，逐步实现由有限责任制向承担无限责任的合伙人制转型。优良的人际关系和良好的沟通是公司市场经营的优势资源。由于承担了无限责任，咨询人员必须工作认真，不敢弄虚作假，所完成的工程造价成果文件可信度高，因此也更容易取得业主单位的信任，尤其易取得外资或合资企业的信任。此外，政府应减少不必要的行政审批环节和对企业的行政干预。比如，工程造价咨询机构的收费标准、合同格式应让企业、行业协会和市场来决定等。强化协会的建设，完善协会职能，增强协会的权威性，使协会真正成为工程造价行业的自律性组织，充分发挥协会在"走出去"过程中的重要作用。

我国电力工程造价咨询企业应加快企业组织管理改革，在组织结构上更加适应市场需求。虽然我国已经建立了董事会、监事会，但依然没有摆脱计划经济时代的影子，电力工程造价咨询企业的组织结构清晰可见事业部制的影子。同时，我国电力工程造价咨询企业组织结构设置较为复杂，部门冗繁。再次，在企业的管理制度上加快创新，尤其是在风险管控、人事调配、信息管理、企业信誉、决策等方面，加快制度改革。

二、注重市场信息的掌握

对于工程造价企业而言，掌握了信息就意味着掌握了竞争力。特别是在"走出去"的过程中，对于国外市场信息的掌握尤为重要。

（一）注重企业市场信息渠道建设

市场信息即商机，企业对市场信息的掌握、预判、分析，对企业决策产生直接影响。从信息掌握而言，企业应加快信息渠道建设，确保企业足够的信息来源。如在海外设置办事处，专门从事信息的搜集、分析。国际优秀的工程咨询企业均有自己强大的信息网。强大的海外机构，为国际工程咨询公司源源不断地输送国际各个地区的市场信息，保证他们在世界各地都能第一时间掌握市场动态，能够根据市场情况迅速做出反应。

（二）注重工程项目的前期市场信息调研

对所在地项目信息了解不透彻、不注重对工程项目进行前期市场信息调研而导致企业遭受损失的案例比比皆是。如我国企业投资南亚某工程项目，因承接项目国家政局混乱，人身安全难以保证，最终不得已撤离，蒙受巨大经济损失。尤其是"一带一路"沿线国家，多属于不发达地区，政治、经济、社会环境复杂，在项目实施过程中必然会遇到各种各样的风险，预先了解项目所在国的政治条件、风俗习惯、法律法规、政策条件等，对我国电力工程造价咨询企业提高国际市场风险防范能力至关重要。

三、注重企业品牌建设与推广

企业品牌即企业的名片，不仅反映了企业的综合实力，还可促使企业综合实力的提升。有意识地树立良好的口碑，能很好地为企业抢占工程市场添砖加瓦。国际优秀的工程咨询企业之所以屹立国际工程市场，与他们营造的良好的品牌效应是分不开的。企业品牌建设需要企业宣传，同时也对企业经营管理等各方面提出了更高的要求。我国工程咨询企业在国际市场上的无序竞争，给中国企业的品牌带来非常不利的影响。因此，我国电力工程造价咨询企业想要"走出去"，必须重视企业信誉度的培养，增强企业品牌建设意识；加强企业宣传，推广企业优势技术与服务；重视企业社会责任的履行，推广企业文化建设；注重与项目所在地供应商、周围居民、当地工程相关机构建立良好的合作关系。

专题二　国内造价咨询企业发展壮大路径

改革开放以来，我国建筑行业不断发展，建筑业的建造能力不断增强，产业规模不断扩充，始终是国民经济的支柱产业。截至 2016 年年底，全国建筑业总产值达19.36 万亿元，比上年同期增长 7.1%，占国内生产总值（GDP）的 26.0%。此外，建筑业在带动其他行业诸如农业剩余劳动力转移方面作用显著，为国民经济的发展做出了不可磨灭的贡献。

在肯定建筑业取得的辉煌成就的同时，也应当深刻认识到当前我国建筑业面临"大而不强"的问题，诸如工程建设组织方式落后、建筑设计水平有待提高、企业核心竞争力不强、难以和跨国建筑公司抗衡等。为了解决上述问题，国务院办公厅印发了对促进建筑业持续健康发展具有重要意义的《关于促进建筑业持续健康发展的意见》（国办发〔2017〕19 号，以下简称 19 号文），从深化建筑业简政放权改革、完善工程建设组织模式、加强工程质量安全管理、优化建筑市场环境、提高从业人员素质、推进建筑业现代化、加快建筑业"走出去"七个方面提出了 20 条实施措施，为我国建筑业改革发展进行了顶层设计。文件鼓励投资咨询、勘察、设计、监理、招标代理、造价等企业采取联合经营、并购重组等方式发展全过程工程咨询，培育一批具有国际水平的全过程工程咨询企业，并指出政府投资工程应带头推行全过程工程咨询，鼓励非政府投资工程委托全过程工程咨询服务。

尽管政策上的支持为我国咨询行业特别是工程造价咨询行业的发展奠定了坚实的基础，但我们应该清楚地认识到，现阶段我国工程造价咨询企业的生存、发展过程中面临的种种困境。只有厘清当前造价咨询行业困境，才能找到发展的突围之路。

一、造价咨询企业发展困境

（一）咨询行业发展空间变小

2016 年 5 月 20 日，住房城乡建设部印发的《关于进一步推进工程总承包发展的若干意见》（建市〔2016〕93 号，以下简称 93 号文）指出：建设单位在选择建设项目组织实施方式时，应当本着质量可靠、效率优先的原则，优先采用工程总承包模式。政府投资项目和装配式建筑应当积极采用工程总承包模式。施工总承包模式的再度繁荣，总承包企业与发包企业将形成双巨头博弈的格局。建设方和承包方的逐渐成熟、技术手段和从业人员素质的提升，导致二者从上下游两端挤压工程造价咨询行业的生存空间。工程造价咨询企业在夹缝中谋求生存，举步维艰。

这种情况下，工程造价咨询公司很难开展工程总承包的实际业务，即便是勉强介入，也只能在设计采购与施工管理（EPCm）、设计采购与施工监理（EPCs）、设计采购与施工咨询（EPCa）为主的工程总承包模式中发挥较低层次的咨询服务价值。

（二）咨询行业内部竞争激烈

《关于放开部分建设项目服务收费标准有关问题的通知》（发改价格〔2014〕1573号）出台，规定从2014年8月1日起，放开除政府投资项目及政府委托服务以外的建设项目前期工作咨询、工程勘察设计、招标代理、工程监理等4项服务收费标准，实行市场调节价。收费标准实行市场调价，行业内的竞争将更加激烈。此外，19号文及93号文的推行，意味着工程咨询业内部即将面临重组与整合，监理行业业务所占比重将逐渐增大，工程造价咨询行业面临在行业内被整合的厄运。

为探索全过程工程咨询服务改革模式，促进工程监理行业转型升级和创新发展，住房城乡建设部在全国范围推荐了16家从事工程监理咨询的企业，作为全过程工程服务试点企业。国家对于这一创新模式的推行，首先，可以提高产业集约度，推进监理行业进行结构调整，消除监理孤岛，促进监理企业为委托人提供全过程项目管理咨询服务，实现项目全寿命周期的投资目标、进度目标、质量目标的规划和管理，将单纯的监理服务企业拓展成为工程领域系统服务供应商；其次，可以提高行业集中度，推进监理与项目管理服务一体化发展，培育一批智力密集型、技术复合型、管理集约型的大型工程咨询服务企业，发挥行业示范引领作用。全过程工程咨询，使得工程造价咨询企业既幸逢整合工程咨询产业链的机遇，又面临被监理行业内化为价值链的厄运。

（三）介入新兴业务较晚

随着咨询行业的不断发展，造价咨询企业的新业务也随之产生。如，政府和社会资本合作（PPP）模式在我国全面铺开，PPP项目的咨询服务亟待咨询公司展开，全过程的工程咨询服务；投资或交易的过程中，对潜在影响投资的风险所进行尽职调查服务；"一带一路"战略下协助建设单位、施工企业"走出去"咨询服务等新型业务，都为咨询公司带来了新的机遇。

面对PPP项目咨询服务、全过程工程咨询服务、尽职调查服务，以及协助"走出去"咨询服务这些新兴业务，能够率先介入新业务的工程造价咨询企业优势明显。全过程中小型工程造价咨询企业对新业务的经验尚显不足，在招标过程中竞争力较弱，业务范围受限，企业生存面临困境。

伴随着不断推进新兴业务的咨询服务，我国少数规模较大的工程造价咨询企业介入到这些业务中来，并取得了良好的实战业绩和项目经验。而大多数中小型工程造价咨询企业介入的时机较晚，在招标中不敌有着丰富实战经验的先介入企业，因此自身业务范围的扩展受到了限制。

（四）新技术采纳成本过高

随着住房城乡建设部的《2016—2020 年建筑业信息化发展纲要》文件的出台，以 BIM 技术为主的新技术引领建筑行业新的革命，利用 BIM、"互联网 +"、大数据、云计算等新技术不断提高工作效率，在很大程度上减少了重复工作，各项目参建方各取所需，整合资源共同发展成为大势所趋。

然而目前这些新技术的应用普遍处于非系统应用状态，设计单位为优化设计而用，施工单位为投标而用，咨询行业为计量而用，这种状态会造成大量的人力、时间、数据的浪费，使这些新技术在建设项目管理中的效能难以充分发挥，对中小型造价咨询企业而言，高昂的人力、硬件、软件成本更是将其带入了困境。

新技术可用于建筑全生命周期，涉及包括投资方、设计方、施工方等各项目参与方、各个不同专业标准的对接和整合。一旦确立，不容变更。造价咨询企业在重新接触一项新技术时，需要耗费大量的时间成本来培训人员，从而产生时间成本。另外，目前国内鲜见集 3D 建模、信息方案和施工图示于一体的成熟平台，购买新技术必须购买专业的设备及技术，同时需要与建模软件配套使用，会产生高额的设备成本费用，对于中国大多数的中小企业而言，承担这部分高昂的成本十分困难。

二、造价咨询企业的突围之路

面对上述四大困境，加之造价咨询业务的同质性倾向严重，决定其发展壮大之路不能仅仅靠简单的并购，需要我们廓清突围约束，借鉴优秀行业、企业发展壮大的经验，加强制度设计，推进制度与机构的整合。目前，我国已经出现的比较典型的工程咨询公司发展壮大的实例，为我国造价咨询企业的发展提供了很好的借鉴，下面列举 5 类模式以供参考。

（一）母、子公司模式

1. 模式概述

参与合并的公司以产权关系为纽带，通过合资、合作或股权投资等方式联系在一起形成母公司，原先的公司以子公司的形式存在，具有独立法人资格，接受母公司的管理，以共同的企业标识、经营理念以及统一的技术标准为客户提供专业服务。

该模式以财务管理为主要对象，具体的管理内容主要包括战略方案、资产管理、业务管理、全面预算管理、内部控制、资金集中管理、管理报告等。

（1）战略方案。

一般情况下，母公司根据需要适时制定或调整战略方案，子公司以母公司下达的战略为指导。战略方案的内容通常涵盖对经营活动有直接指导作用的各个方面，如业务、销售、生产、成本、人力资源、投资、融资、损益等。战略方案形成的过程中，除充分考虑集团企业内部的整体战略目标，还要结合外部因素，如政府政策、行业动态、市场前景、竞合关系等。集团的战略方案最终会落实到各子公司或责任中心，并形成经营计划和财务预算的前提。

（2）资产管理。

资产管理，即投资战略管理，其主要内容就是母公司或子公司对资本性支出、投融资管理、风险评估以及关联方权利义务分配等问题做出规定。

（3）业务管理。

业务管理包括对制定公司经营计划、计划执行、信息的收集传递与沟通以及对所有的责任中心之间的权利义务分配等问题做出规定。

（4）管理报告。

管理报告是把所有经营活动的结果通过有效的形式显现出来，建立一套科学的业务分析报告体系，及时为各层级人员提供相关信息，形成完整的信息流，避免形成信息孤岛。

（5）全面预算管理。

全面预算管理超越传统的财务预算管理范畴，是将战略规划、业务计划、预算编制、滚动调整、分析报告和绩效考核通过目标体系紧密相连、协调一致的管理过程。

（6）内部控制。

内部控制是集团掌握下属公司或部门以使其不任意活动或超出范围。集团通过各种手段使得其下属公司或部门沿着既定的轨道朝着目标前进，如果在前进的过程中由于环境因素导致下属公司或部门行为发生偏离，需及时纠正，使之回到既定的轨道。

（7）资金集中管理。

资金集中管理通常包括两方面管理：一是集中投融资管理，它可以统一管理投融资项目，加强集团对资金合理化使用；二是集团实时资金预算控制，这对于控制集团预算至关重要。

2. 案例：某会计师事务所

某会计师事务所于2000年6月成立，成立初期，经国家批准，依法独立承办注册会计师业务，并具有从事证券期货相关业务的资格。其发展壮大主要源于以下几大因素：一是发挥管理总部的中心作用；二是加快建立分所；三是变革组织类型；四是完善内部治理机制；五是走国际化的道路。具体分析如下：

（1）发挥管理总部的中心作用。

公司由三家事务所共同发起并出资组建，注册资本5000万元。同名管理公司作为成员所的管理中心，是该会计师事务所的品牌经营中心、质量控制中心、业务培训中心、信息交换中心、资源配置中心，负责品牌下成员所的整体经营管理、专业发展及对外协调和宣传，包括制订统一的执业标准、统一的内部管理制度、统一的人员培训制度并组织实施。该会计事务所中，资金是履约的投资保障，是打造统一品牌、实施统一执业标准、统一的质量控制以及统一培训的保证。

（2）加快建立分所。

总所成立的当年末，成立了新疆分所，之后的几年中，逐步成立江苏分所、江苏江南分所、杭州分所、宁波分所等27家分所。现阶段，该会计师事务所基本建立了较密集的集团网络。各分所结合当地经济环境、地方政策和当地企业行业特征，调整业务构成，针对有关行业和领域进行整合。这种密集的集团网络使得该会计事务所能够争取到全国各地的客户，同时也能为各行各业提供专业服务。

（3）变革组织类型。

以集团化模式发展壮大，特殊的普通合伙制为会计师事务所的发展壮大提供了优势：

1）扩大会计师事务所的规模。

会计事务所不同于任何一个企业组织，其主要生产要素是人力资本，它的发展离不开人才，优秀的会计师是事务所发展的前提和生命。转制后的特殊的普通合伙制，在调动事务所员工特别是中青年人才积极性方面作用更为突出。它能让每一个人都人尽其才，让每一个有突出贡献的人都可能成为股东，成为主人能够更充分调动优秀注册会计师的从业主动性和积极性。

2）适应行业管理的特殊要求。

采用特殊的普通合伙制组织形式，根据合伙企业法律制度的规定，当合伙人不再符合资质条件时，合伙人可以退伙，并就退伙的结算原则做出了规定。因此，特殊的普通合伙制的采用，可以让事务所出资人进退自由，有利于维护事务所的团结稳定。

3）合理地降低股东的税收负担。

在有限责任制下，股东在承担个人所得税的同时还需承担企业所得税，因此，税负相对较重。而在特殊普通合伙制下，相关法律规定合伙人可以分别缴纳所得税，不需要双重纳税，从而有效减轻股东(合伙人)的税收负担。

4）克服股东至上的管理难题。

特殊的普通合伙制是一个休戚与共、一荣俱荣、一损俱损的利益共同体。它的每一个成员都是主人，都可以以合伙人的身份参与事务所的管理，集体决策、集体管理。这种组织形式更加强调事务所的"人合"，更加强调合伙人责权利的统一，更加有利于形成和谐高效的良好局面，避免有限责任制中"一股独大"影响员工的积极性和事务所的持续健康发展。

5）打造事务所的执业品牌。

特殊的普通合伙制在风险控制上很好地弥补了有限责任制下由于自身的过失或者违规操作造成被审计方的损失，事务所和会计师需要用自己的有限资产承担有限责任，因此注册会计师不敢违规操作，有利于提高会计师事务所的执业质量，有利于提高会计师职业道德水平，有利于打造事务所的执业品牌。

（4）完善内部机制。

该会计事务所在有限责任制转制为特殊普通合伙的组织形式中，公司原有的股东会替代为合伙人会议，董事会替代为管理委员会，主任会计师替代为首席合伙人。董事长担任管理公司总裁，广东及北京两位分所负责人任副总裁，公司设立了上海总部、北京总部、广州总部，并任命了总经理、副总经理。董事会审议并通过了公司设立审计风险管理与专业标准委员会、分支机构管理委员会、公共关系和战略发展委员会（下设研究所）、综合管理委员会四大委员会的决议，同时确定了各委员会主任、副主任。同时，在合伙人管理委员会下设立战略发展和考核管理委员会、风险管理委员会、专业标准管理委员会、分支机构管理委员会、人力资源和教育培训委员会、信息化管理委员会、市场拓展和品牌推广委员会等7个专业委员会，负责转制后事务所的具体行政事务。此外，还设立专业（管理）委员会负责协调合伙人之间的冲突与纠纷。

（5）国际化道路。

该会计事务所于2000年加入知名国际会计及管理顾问公司，逐步接触国际市场。2004年获得美国上市公司之海外子公司审计资格后开始境外审计业务。

2007年，该会计事务所正式签订蒙古国会计师事务分所合资合同，实现了由国内走向国际化发展的跨越。2009年，管理公司加入了"BDO国际"，这为其提供了更高的发展平台，有助于会计事务所在国内外分支机构、业务范围等方面的规模化发展。

（二）母、分公司模式

1. 模式概述

创建分公司时，总公司对提出创办分公司的相关人员进行调查，选择资质相对优秀人员作为分公司的备选人员，通过实际道德测试的人员，与总部主管进行面谈，签订相关协议。总公司和分公司之间的关系是整体合作，独立经营，独立管理，但分公司无独立法人资格。

2.案例：某工程项目管理有限责任公司

（1）发展现状。

某工程项目管理有限责任公司成立于1992年，现拥有招标代理、造价咨询、政府采购、中央投资招标代理、房屋建筑工程监理等5个国家甲级资质，在北京、河南、湖南、重庆、四川、西藏、新疆等地设立了130多家项目管理子、分公司，其中以分公司为主。

（2）加盟该公司需要具备以下条件：

1）对招标代理和造价行业相关业务熟练；

2）具有一定的社会关系和资源；

3）具有执著的精神和工作激情；

4）具有一定的技术力量；

5）具有不少于150平方米的办公场所。

（3）总公司对分公司的管理。

1）总公司统一管理。总公司制定统一的标准、统一的作业模式、统一人员培训。

2）持证上岗。子公司、分公司和加盟公司必须接受总公司的标准培训。

3）统一文化理念。该公司是第一家建立了企业网站、企业文化、企业大法和集管理制度、规范文本、工具文本为一体的管理章程的公司。该公司的基本法包涵了企业价值理念、精神内涵、管理理念、社会责任等内容，是指导企业生存、发展、壮大、辉煌的一部大法，是公司的"宪法"。

（三）吸收合并模式

1.模式概述

吸收合并模式主要是指由一家在执业质量、市场规模、品牌信誉等诸多方面占据优势的公司，主动兼并与其实力有一定差距的公司。资产合并后，被兼并的公司注销原有法人资格，兼并公司法人资格仍然保留。该模式形成母分公司，被兼并的公司被改造为分公司或发展为国际分支机构。

对外业务拓展也采用吸收合并的模式，适合于发展势头比较好、有一定的内部管理能力、执业质量较好的大中型企业，通过与合作伙伴合并，建立共同的品牌和文化，进行资源的优化配置，发挥规模优势，提高国内乃至国际竞争能力，实现品牌效应。

2.案例：某集团公司

某集团公司成立于1980年，现在境内已设有22家分公司，形成了华北、华东、华中、华南、东北、西北、西南等地区纵横交错的服务网络。在新加坡、日本、澳大利亚、巴基斯坦设有4家境外成员所，从业人员超过5000人。

该集团于2005年完成对香港某会计师行的吸收合并，成为国内第一家将业务实质性拓展到香港地区的内地会计师事务所。之后完成对四川、江苏、新疆等地十几所公司的合并。该集团的合并动机总结如下：

1）企业资质。看中被合并企业的企业资质。

2）项目区域需求。在该区域有业务需求，需要在当地成立分支机构来进行业务拓展。

3）人才的需要。通过被合并企业的人才团队加入集团以提高竞争实力，增强核心能力。

4）外部动因。客户需求。

该集团在合并后初期阶段组织结构的整合过程中，首先将原有不同结构进行融合，使之成为一个整体；然后按照具体情况和实际需求进行组织结构的设计。在组织机构设计过程中，集团着重对董事会和高管层的组织结构进行优化，在新组织结构中增加了专门的委员会。

为保持合并后企业的稳定运行和平稳过渡，在合并后的一段时间内，留出磨合时间，保留被合并方的组织结构，使其原有员工能够适应合并过程，降低因合并引发的人员流失率，确保被合并方的经营业绩不会因合并而发生剧烈震荡。在磨合时期内，合并双方可以合作经营运作，如业务部门可以共同承接新的项目，进行合作，在实践中进行充分磨合，然后再对组织结构进行变动调整合并。

（四）新设合并模式

1. 模式概述

所谓新设合并模式，即 A1+ A2+...=B 模式，合并方通过自发的企业合并，设立新公司，合并方原有法人资格注销，全部净资产归新公司所有，原有公司成为从属公司的分公司，并实行财务独立核算。分公司接受公司管理，公司制定质量标准，监督分公司业务开展，分公司定期向集团公司缴纳管理费。该模式下的所有分公司从属集团公司，在集团公司的管理下开展业务，集团公司制定质量标准，监督分公司业务开展。

（1）合并运作流程。

1）合并方（以下简称Z公司）通过企业合并取得被合并方（以下简称K公司）的全部净资产，合并后注销被合并方的法人资格。被合并方原持有的资产及负债，在合并后成为合并方的资产及负债。

2）Z公司申请办理变更登记，改变企业名称、法人、住所、经营场所、法定代表人、经济性质、经营范围、经营方式、注册资金、经营期限，以及增设或者撤销分支机构。

3）Z公司与K公司成为从属集团公司的分公司，并实行财务独立核算。

4）分公司所有资质纳入集团公司，集团公司为分公司提供资质、业绩和技术支持。

5）分公司接受集团公司管理，集团公司制定质量标准，监督分公司业务开展，分公司定期向集团公司缴纳管理费。

（2）业绩处理运作流程。

集团公司实行资质和业绩统一，集团公司成立后Z公司与K公司将资质和注册造价工程师都统一注册到总公司，业绩及业务项目统一纳入集团公司管理。集团公司拥有Z公司和K公司两者的较高资质等级，实现资质统一。

（3）税务处理办法。

集团公司与分公司在财务上实行独立核算。分公司在管理上有独立的组织形式，具有一定数量的资金，在当地银行开户，独立进行经营活动，能同其他单位订立经济合同。分公司独立计算盈亏，单独设置会计机构并配备会计人员，拥有完整的会计工作组织体系。

（4）公司分红模式。

集团公司与分公司实行财务独立核算，分公司定期向集团公司缴纳管理费，以补偿集团公司对分公司的管理以及提供的资质、业绩、技术支持；分公司运营收入由分公司自行支配，实行收益自享。

2. 案例：某咨询集团

根据住房城乡建设部《工程造价行业"十三五"发展规划纲要（草案）》要求自身发展的实际需要，四川某项目管理咨询有限公司（以下简称四川合并方）与北京某工程造价咨询有限公司（以下简称北京合并方）为做大做强做优，实现快速发展，本着自愿、公平、互惠、共赢的原则，于2017年完成合并，合并后的企业优势如下：

（1）业绩互享，增强市场竞争力。

四川合并方以造价管理为核心，实现一站式工程管理咨询以及PPP咨询服务、会计审计咨询业务、建筑职业技能培训、文化传媒等多元化业务发展，并积极参与EPC咨询、BIM技术、大数据工作，取得优异成果。北京合并方以估、概、预、结、决算编制审核以及审计业务为主，主要面向政府投资项目。双方在业务范围内，积累了大量优质案例，双方合并之后，根据《公司法》第一百七十四条规定："公司合并时，合并各方的债权、债务，应当由合并后存续的公司或者新设的公司承继。"公司业绩合并，业务伙伴共享，双方可凭借公司业绩为新型、传统业务的获取提供一臂之力，市场竞争力进一步提高，资源实现最大化利用。

（2）区域互通，扩大业务覆盖范围。

北京合并方业务主要集中在华中、华北等地，四川合并方咨询以中国西南及西部地区为主要发展区域，双方在业务区域上并无冲突。双方合并之后，公司覆盖范围进一步扩大，业务量增多，发展机会更大。

（3）资质合并，业务承揽能力提升。

公司双方合并之后，根据《工程造价咨询企业管理办法》（中华人民共和国建设部令第149号）第十八条规定："工程造价咨询企业合并的，合并后存续或者新设立的工程造价咨询企业可以承继合并前各方中较高的资质等级，但应当符合相应的资质等级条件。"则资质统一归集团公司集成并管理，分公司资质使用范围扩大，承揽业务能力提升。

（五）企业联盟模式

1. 模式概述

企业联盟模式是指由两个或两个以上的有着对等经营实力的企业（或是特定的事业和职能部门），为达到共同拥有市场的目的以及共同使用资源等战略目标，通过各种协议、契约而结成的优势相长、风险共担、要素水平式或多向流动的松散型网络组织，即战略联盟是在剧烈的利益互惠而采取的资源整合、优势互补的行为。在资本密集或技术密集型等产业中，企业联盟成为继新建和并购之后的第三种经济扩张模式。

2. 案例：瑞士法下社团

国外类似企业联盟模式的有瑞士法下社团（Swiss Verein）。瑞士法下社团的成立并不需要登记，由于这种模式的便捷性，世界上很多公益组织、非政府组织、体育组织及社会俱乐部均采用该组织结构，比如大赦国际（Amnesty International）、世界野生动物基金会（the World Wildlife Fund）以及国际足联（Federation International of Football Association）。

在商事组织领域，很多跨国商业机构也会利用社团这一组织结构，尤其是很多提供专业咨询服务的国际性机构，如会计师事务所和会计事务所，通过采用瑞士法下社团结构以扩大其在全球地缘上的存在感及影响力，并借此提高业务营收。在该模式下存在以下特点：

（1）责任独立。

社团内的成员（一般是法人单位或者有限合伙组织）均彼此相互独立，相互不存在委托代理法律关系，不用为社团内的其他成员的债务或责任承担连带责任，整个社团内部非常分散化，即分权管理、分散控制、各自为政，不存在一个统一的具有控制力和最终决定权的最高中央管理层。

（2）监管独立。

社团内的成员单位只受其所在国的法律监管，比如在社团结构下，一家全球性会计师事务所在美国以外的办公室就可以不受美国证券交易委员会（SEC）或美国司法部的监管。

（3）核算独立。

允许遍布全球各地的当地会计事务所维持其在合并前各自原有的营收利润资金池、会计、税费缴纳及合伙人薪酬体系，而同时社团结构下的各个成员事务所对外可以宣称共同的品牌，对内则可以共享事务所发展战略、市场推广、IT技术。

（4）业务共享。

最为重要的是成员事务所之间可以相互介绍客户和业务，这是各成员事务所结成社团的最大原因，即希望通过共享业务网络，相互介绍客户及业务，实现各自业务营收的快速增长。

专题三　电力造价咨询项目经验分享

一、全过程造价咨询实施经验

（一）项目简介

某煤电基地 2×660MW 煤电一体化工程位于新疆维吾尔自治区某矿区内，工程规划建设 2×660MW+2×1000MW 空冷机组，一期工程建设 2×660MW 超超临界空冷燃煤机组，为大型煤电一体化燃煤发电工程。该工程 2×660MW 机组于 2014 开工建设，2017 年投产。该项目的开发建设可以实现资源优化配置，有利于"变输煤为输电"，满足能源运输多元化的需要。该项目由天职工程咨询股份有限公司（以下简称天职咨询）提供全过程造价咨询服务。

（二）经验分享

1. 全过程造价控制的基本思路

（1）主动参与初设和概算审查，为工程建设制定合理的投资控制目标。

初步设计是确定建设项目功能、成本的关键，造价咨询机构在设计阶段应主动参与初设和概算审查，配合业主和设计单位制定合理的项目功能和投资控制目标。

（2）协助业主开展招标工作，发挥投资控制责任。

招标是造价控制的有效手段，是合法合规开展工程建设的重要环节。造价咨询机构应主动承担起合约规划、标段划分、招标文件审核、工程量清单与控制价编制、合同条款起草、清标等工作，确保招标工作合法合规性，预控、减少合同执行纠纷，确实发挥投资控制责任。

（3）驻场开展施工阶段的造价管理，为业主做好贴身服务。

施工阶段的造价管理周期长、细节多、任务重。在火力发电建设项目全过程造价咨询中，天职咨询会派驻现场 3～5 名造价人员，全面负责项目造价管理。工作范围主要包括：投资与资金计划编制，进度付款审核，变更价值工程分析与价款审核，签证费用审核，索赔审核与反索赔，投资统计分析与预测。力求提高项目资金使用效率，降低融资成本，随时掌控项目总投资走势，为业主投资决策提供依据。

（4）确保工程结算逻辑清晰、资料完善。

在施工过程中完成施工图工程量、单价的核对，以及变更、签证、索赔费用敲定。结算工作主要将结算依据、证据、签批文件、会议纪要、结算书等资料进行整理，做到逻辑清晰、证据充分、资料完善。当审计机构复核时，能清晰地还原过程情况，合理解释相关问题。若有遗留的争议问题，应积极主动协调利益相关各方协商、谈判，达成合理结果。

2. 项目各阶段工作亮点

（1）设计阶段。

在初设和概算审查中，天职咨询结合历史项目经验，对比分析发现以下问题：

① 设备部分。除氧给水系统中水泵价格已包含电动给水泵设备费，调减初设概算重复设备费 302.1 万元；煤粉在线监测系统设备费用按进口设备计列，价格偏高，参考同类项目运行经验，选用国产设备亦可达到相同效果，相较进口设备可节约投资 704.9 万元；对比同类型项目，等离子点火装置初设概算价格偏低，参考类似项目调整设备单价为 800 万元 / 台，调增 510.2 万元。

② 建安工程部分。初设概算中主厂房混凝土框架结构漏项，漏列建筑工程费 1981.4 万元；除尘器封闭工程量偏高 4646m2，墙板钢次梁调减至 70.0 吨，费用降低 1558.7 万元；考虑项目所在地环境干旱，水资源匮乏，绿化施工难度较大，成活率较低，调增绿化费用 1061.18 万元；厂用电系统设备分部中子目中列有的设备费用未进行汇总，初设概算漏计 427.6 万元。

③ 其他费用部分。设计煤种和校核煤种 I 均属高 Na 煤，煤种具有严重的结渣和沾污特性，增加高钠煤课题研究费 476 万元。

通过对初设和概算的审查，形成合理的项目总成本控制目标，为后续采购采购、合同管理等一系列造价控制工作提供规划大纲。

（2）招投标阶段。

该项目采用概算模拟清单的方式编制清单，模拟工程量清单是目前电力建设工程市场较为常用的一种清单计价模式。清单计价模式发展至今已较为成熟，该计价模式是以设计概算定额子目作为清单，以概算定额子目工作内容作为报价基础，以概算定额工程量计算规则作为清单的工程量计算规则。

概算模拟清单计价模式有以下优点：一是方便项目建设概算的同口径控制管理；二是目前的概算定额子目充分涵盖了电力建设的常规做法，是一种综合范围较广的定额，且被广大电建单位所认可；三是该清单相比规范清单用时短，为后续紧张的工程建设赢得了宝贵时间；四是以经审核的造价目标进行下浮，作为最高控制价，避免合同价超概。

在施工招标过程中，天职咨询指派专业人员全程参加，承担清标工程，协助评标专家做好投标文件审核工作，及时发现投标人不平衡报价、计算错误等问题，为评标工作及未来合同执行奠定了良好基础。

（3）施工阶段。

在施工阶段，天职咨询积极开展事前控制，在以下方面得到了业主的认可：

① 造价管理流程制定。协助业主制定了投资计划、进度款申请、变更、签证、索赔、甲供材、结算等相关管理制度与流程。

② 造价动态管理。设计标准化造价分析管理表格，每月统计合同金额、合同预付款、完成产值、已付款、本月申请付款款、变更签证费用、估算项目总投资额等内容，实现造价控制目标的动态管理。

③ 合同交底。就具体合同召集承包商、建设单位、监理单位召开现场会议，通报合同内容、技术标准，明确各方工作、权利、义务，以及合同执行操作流程，明晰合同参与各方的责任，促进合同的顺利执行。

④ 甲供材管理。材料费在建安工程投资中一般都占有较大比重，因此在施工阶段，严格控制材料用量、合理确定材料价格是有效控制工程造价的主要手段之一。咨询单位参与甲供材计划把控工作，依据图纸计算的工程量审核施工单位提交的甲供材计划，为业主的物资采购提供了保障，避免了谎报、多报、漏报的计划，也为后续结算时甲供材核销做好铺垫。

⑤ 结算工作前置。施工过程中，天职咨询组织施工单位进行施工图工程量的核对，化整为零，每月及时核对图纸工程量，不仅为建设单位的过程管控提供了准确的成本数据，确保进度款的合理支付，也为后续的结算阶段节省了核对时间。同时随着工程开展，结合甲供材、签证变更造价的确定，逐渐形成真实的造价，可与执行概算对比，防范超概风险。

综上所述，天职咨询在开展全过程造价咨询服务过程中以造价控制目标为主线，主动参与初设和概算审查、工程招标等前期工作，积极主动扩展全过程造价咨询范围，扎实做好各环节的具体工作，为业主做好贴身服务，造价管理工作取得了良好的效果。

二、国际工程项目实施经验

（一）项目简介

该项目地点位于巴基斯坦，建设规模为 $2 \times 660MW$ 超临界燃煤凝汽式发电机组，留有扩建余地；同步配套建设烟气脱硫，预留脱硝设施（同步建设脱硝烟道和钢架）。该项目由北京恒信用工程咨询有限公司提供造价咨询服务。

（二）项目背景

1. 政策法规背景

在开展国外工程项目之前，务必先熟悉所在国的相关政策法规，否则会给前期决策和后期工作带来意想不到的后果。

（1）政府采购政策。

在政府采购方面，大型项目基本采用国际公开招标方式确定承包商。近年来，在巴方政府积极鼓励投资者通过 BOT、BOOT 和 PPP（公私合营）等方式参与项目建设的形势下，以 EPC、PMC 和带资承包方式实施的项目比例逐年提高。在项目管理上，巴方政府及相关部门多聘请欧美发达国家咨询公司为项目提供咨询服务，并使用和借鉴西方国家的技术标准与项目管理机制以保证项目比较规范地运作。

（2）市场准入规定。

根据巴基斯坦《1976 年外国私人投资（促进与保护）法案》、《1992 年经济改革促进和保护法案》以及巴基斯坦投资优惠政策规定，巴基斯坦所有经济领域向外资开放，外资同本国投资者享有同等待遇，允许外资拥有 100% 的股权。在最低投资金额方面，对制造业没有限制；但在非制造业方面，则根据行业不同有最低要求，服务业（含金融、通讯和 IT 业）最低为 15 万美元，农业和其他行业为 30 万美元。巴基斯坦投资政策规定限制投资的五个领域是武器、高强炸药、放射性物质、证券印制和造币、酒类生产（工业酒精除外）。此外，由于巴基斯坦是伊斯兰国家，外国企业不得在当地从事夜总会、歌舞厅、电影院、按摩、洗浴等娱乐休闲业。

在投资方式方面，依旧巴方规定，外商可以采取购买股权或者绿地投资等方式在巴基斯坦投资，有关公司管理及上市工作均由巴基斯坦证券与交易委员会（SECP）负责。

（3）税收体系和制度。

巴基斯坦是联邦制国家，税收分联邦政府、省政府和地区政府三级，但税收以联邦政府为主，占 70% 左右。联邦政府税种主要包括所得税、关税、销售税、联邦消费税；省政府税种主要包括职业税、财产税、车辆税、印花税、土地税等；地区政府税种主要包括财产税、水资源税、进出口税、转让税、市场税以及其他收费等。

巴基斯坦税收又分为直接税和间接税两大类。直接税主要包括上述所得税、财产税、土地税、车辆税；间接税包括关税、销售税（增值税）、联邦消费税等。

巴基斯坦税收主管部门为巴基斯坦联邦税收委员会（FBR），负责制定和实施税收政策，以及联邦税种的征收和管理，海关为其下属部门。近年来，巴基斯坦政府为提高财政收入，不断扩大税基，加强税收监管。外国公司与巴基斯坦当地公司和国民同等纳税。

1）所得税。

金融类企业、国有企业和私人企业所得税的税率为 35%，营业额在 2 亿卢比以内的小企业的税率为 25%，企业可以选择按利润或者合同额纳税。个人所得税税率为 0.75% ～ 20%，起征点为月收入 2.5 万卢比。企业和个人还须缴纳多种形式的代扣税（Withholding Tax），税率为 0.75% ～ 30% 不等。其中，在支付合同款时要代扣 6% 的税额，支付房租时要代扣 5% 的税额，利息代扣税 10%。

2）销售税。

巴基斯坦联邦政府在 20 世纪 90 年代取消增值税，改设销售税。自 2008 年 7 月起，销售税税率为 16% ～ 21%。进口商品和巴基斯坦本国生产的商品均需缴纳销售税，部分商品免征销售税，主要是计算机软件、药品、未加工农产品等。其中，绝大部分商品税率为 16%，称为普通销售税（GST）。

3）联邦消费税。

进口商品和巴基斯坦本国生产的商品及保险、广告、邮件快递、会计等服务均需缴纳消费税，税率为 5% ～ 100%，其中通讯服务税率为 20%，银行、保险服务税率为 10%。部分商品和服务免征联邦消费税。

4）关税。

大部分商品关税税率为 5% ～ 35%，可登陆巴基斯坦联邦政府税收委员会网站查询。中巴自贸协定（FTA）于 2007 年 7 月 1 日起实施，分两个阶段对全部货物产品实施降税，第一阶段在协定生效后 5 年内，双方对占各自税目总数 85% 的产品按照不同的降税幅度实施降税，其中，36% 的产品关税将在 3 年内降至零。

该项目对施工单位而言，收款时需要预扣 7% 的所得税，同时还需要缴纳 16% 的销售税，而作为技术服务单位收款时需要预扣 12.5% 的所得税和缴纳 16% 的销售税；相对中国境内而言，巴基斯坦赋税相当繁重。

2. 安全形势与治安状况

巴基斯坦大城市的社会治安状况总体尚可，如伊斯兰堡和拉合尔的治安较好，而卡拉奇的治安形势较为复杂，经常发生宗教派别仇杀和恐怖袭击事件。巴基斯坦中央政府对部落地区基本无法控制，社会治安主要由部落头领负责。近年来也曾发生针对中国人的恐怖事件。卡拉奇市和俾路支省是恐怖活动较多的地区，时有武装冲突发生。在巴国投资、施工、经商等可以申请警察保护，而作为"一带一路"项目，意义重大，整个现场至生活区均可申请采取警察、部队驻守值班，厂区围墙设置岗楼巡视，外出实行审批登记制并安排警察护送等相关措施。鉴于严峻的安全形势和复杂的治安状况，巴基斯坦项目相比中国境内而言，反恐则需要单独列支一笔经费。

3. 国内外项目成本差异

（1）费用构成差异。

1）我国现行建设项目总投资构成。

我国建设项目总投资分为固定资产投资和流动资产投资。流动资产投资即流动资产；固定资产投资即工程造价，包含建设投资、建设期利息、固定资产投资方向调节税（目前已暂停征收）。其中，建设投资又分为工程费用、工程建设其他费用、预备费。我国建设项目总投资构成如图 1 所示。

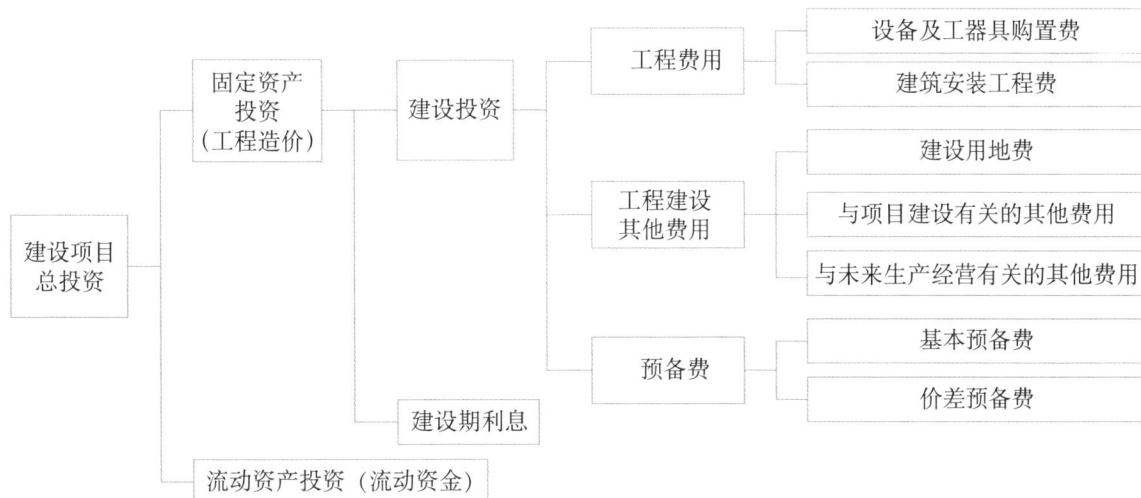

图 1　我国建设项目总投资构成

2）国外建筑安装工程费用的构成。

与国内工程造价构成不同，国外的工程造价结构通常是将工程项目进行结构上的深层次划分，将工程的各个环节都细化为单元工程，然后对每个单元工程进行造价，最后通过汇总形成该工程项目的总造价。因此，国外工程造价的构成主要分为分项工程、开办费、分包工程造价、暂定项目金额四个方面。国外建筑安装工程费用构成如图 2 所示。

（2）海外工程成本构成的差异。

在常规的工程项目费用中，工程成本可归为四大类，海外工程项目虽然也按照四大类进行核算，但各类费用成本因国外因素的差异，其包含的内容和比例也会产生差异，海外工程项目的成本费用主要表现在某些方面。

① 设备费。国内设备费成本由设备原价和运杂费组成，而国外项目在设备成本中一般分为设备采购费、备品备件费、国外运输特殊包装费用、商检费用、检测费用、参加工厂培训费用等。尤其是备品备件，国外工程项目一般都有强制性备件和推荐性备件的要求，来满足工程完工后的生产备件需要，一般在设备招标阶段就已经明确备品的规格、数量、要求等，这部分费用成本是比较高的，发生的周期也比较长。海外工程项目中的设备运杂费，因和国内差异较大，故一般不计列在设备成本中，单独计列在其他费用类中。

```
                                                        ┌─────────────┐      ┌──────────────────────┐
                                                        │   人工费     │──────│ 工资、加班费、津贴、招雇 │
                                                        └─────────────┘      │ 解雇费               │
                                                                             └──────────────────────┘
                                                        ┌─────────────┐      ┌──────────────────────┐
                                                        │   材料费     │──────│ 原价、运杂费、税金、运输 │
                                                        └─────────────┘      │ 损耗及采购保管费、预涨费 │
                                        ┌──────────┐                         └──────────────────────┘
                            ┌──────────│  各分部分 │    ┌─────────────┐      ┌──────────────────────┐
                            │          │ 项工程费  │────│  施工机械费   │──────│ 租用机械费用、自用机械 │
                ┌─────────┐ │          └──────────┘    └─────────────┘      │ 费用                 │
                │ 各单项   │─┤                          ┌─────────────┐      └──────────────────────┘
                │ 工程费   │ │                          │   管理费     │──────│ 现场管理费、公司管理费 │
                └─────────┘ │                          └─────────────┘      └──────────────────────┘
                            │                          ┌─────────────┐
                            │                          │  利润及税金   │
                            │                          └─────────────┘
    ┌─────────┐             │                          ┌─────────────┐
    │ 工程施    │            │                          │  其他摊销费   │
    │ 工发包    │            │                          └─────────────┘
    │ 承包价    │─┤                          ┌─────────────┐      ┌──────────────────────┐
    │ 格       │             └─────────────│ 单项工程开办费 │──────│ 施工用电、用水、机具费、清理 │
    └─────────┘                            └─────────────┘      │ 费、周转材料摊销费，临时设施 │
                            ┌──────────┐    ┌─────────────┐      │ 摊销费。驻工地工程师办公费， │
                            │ 分包工    │───│  各分包工程费  │      │ 现场实验费，其他开办费      │
                            │ 程费用   │    └─────────────┘      └──────────────────────┘
                            └──────────┘    ┌─────────────┐
                                            │   总包利润    │
                                            └─────────────┘
                            ┌─────────┐    ┌──────────────────────────────┐
                            │ 暂定金额 │────│ 货物费、材料费、服务费、不可预见费 │
                            └─────────┘    └──────────────────────────────┘
```

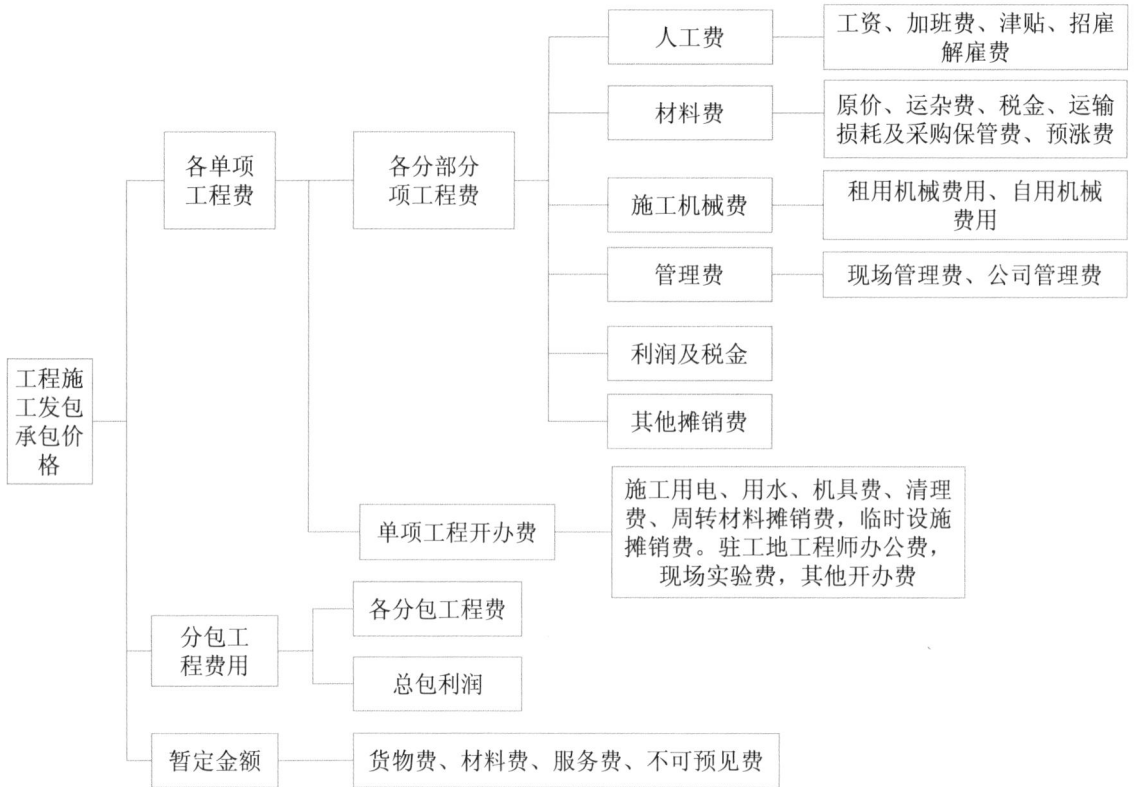

图2　国外建筑安装工程费用构成

② 建筑费。国外项目的建筑类工程，充分利用当地劳动力资源，主体施工项目宜优先安排国内施工单位承担，其余工程可由当地建筑工程公司参与施工，建筑成本不仅受当地建筑材料价格的影响，而且当地的建筑技术水平、人工工资、机械费用、气候条件、税收政策都会对建筑成本产生影响。更主要的是由于设计标准的差异，建筑结构会因设计输入标准的提高而大大提高建筑造价。在海外工程项目中，建筑成本是最不确定的成本因素，也是汇率风险的主要因素。

③ 安装费。海外工程项目中，安装工程师和技工一般都由国内委派，其出国费用远远高于安装定额的人工工资和相应的管理费用；安装用材一般都在国内采购，增加了安装材料的运输费用；特殊机械的使用，必须要考虑机械往返运输和此类设备进出海关的手续费、税金缴纳等情况。

④ 其他费用。国内其他费用都按照预算规定对口计列，在海外工程项目中，除项目代理费、融资成本、汇率风险成本、运输成本及其他单列成本外，一般的其他费用也具有其特殊性。如勘测设计费，国外勘测成本高，设计难度大，设计费一般要高出国内同类项目的100%；又如总承包管理费，海外工程项目一般都采用总承包交钥匙方式（EPC），其管理费用一般比国内高出5倍左右，海外风险费用等不可预见费用按照当地市场调研情况及形势需单独计列一笔费用；再如财务费用，国外工

程项目的资金流动时间要比国内长，资金占用量也多。

因国外工程项目的成本具有上述特点，所以在核定成本时，应根据国外工程项目的要求进行核算，才能有效控制实际成本在预算范围内。

（3）设备制造与物流运输费差异。

巴基斯坦电厂建设项目多数设备都需要进口，设备制造时需考虑巴基斯坦的气候、环境影响，按照巴基斯坦适用的设备参数进行生产制造；另考虑到海运周期较长（1～2 月），设备在出厂时还需要考虑包装加固、加强腐蚀防护等因素，故成品保护相比中国境内成本较高。

由于电厂设备数量较多、体积较大，设备运输均采用海运途径，项目设备采购按国内成品出厂，以减少国外组合工作量，导致设备单件尺寸和重量超出国际运输约定的规格（长 ≥ 10m、宽 > 3.5m、高 > 3.5m、重量 ≥ 30 吨，任一项满足），致使物流运输商的巴基斯坦段运输成本偏高。

根据巴基斯坦政府出台的法令 Circulation No. 01 0f 2015（Dated 24th，July，2015），2015 年 7 月 24 日之后对所有运输服务商免征收 SALE TAX，有效期至 2015 年 12 月 31 日或至新法令签发之日，所以在 2015 年 12 月 31 日前所有运输服务商不需要缴纳 14% 的 SALE TAX。

2016 年 2 月 4 日，政府签发对"非股份制企业"（判别方法为：企业注册名称中不含"private"或"PVT"字样即为"非股份制企业"）免征 SALE TAX 的法令，但未签发任何免征"股份制企业"SALE TAX 的法令，故"股份制企业"需在 2015 年 12 月 31 日后即 2016 年 1 月 1 日起开始缴纳 14% 的 SALE TAX。

物流运输商投标时，作为国际物流承运商，对于组装、包装、运输等环节应熟悉和了解，因此在前期招投标阶段投资方对后期可能额外增加的费用风险应提前预测并制定相应的风险控制措施。

（4）汇率的风险。

国外大型项目需在项目所在国注册成立公司，工程费用的支付货币也必须按照所在国的要求。巴基斯坦规定项目资金的支付必须以卢比进行，公司在成立及融资时采用的是美元计价，在巴国支付时采用的是卢比，这两种货币均是按照即时汇率换算，这不仅使财务竣工决算任务异常繁琐，若汇率波动幅度较大，还会给投资方增加一定的投资风险。

投资方招标时采用哪种货币方式计价及所带来的的风险宜在招标文件中明示。

（5）其他费用。

海外项目还有比较特殊的其他费用，不但包括总承包管理费用，还有代理费、保险费、海外运输费、设计费、预备费等大项，约占工程总费用的 15%。海外项目需要有两个指挥中心，即国内的服务支持中心和现场的施工协调中心，工程建设的核心是现场的施工作业，但其资源的配置离不开国内的支撑，应合理监理项目管理组织结构，国外工程管理选择一专多能的复合型人才，是降低管理人员总费用的有效办法。

项目管理费用虽然在工程总成本中占据的比例不高，如能合理组织、措施妥当，将起到事半功倍的作用，尤其对海外工程项目，地处艰苦的工作环境，而工程项目造价投入极大，项目管理工程师的积极性、主动性、责任性是关系项目成败的关键。因此从管理角度来看，项目管理成本的控制是必须的，但要考虑国外项目的特殊性，给项目管理成本留有一定的裕度，在现场人员生活、待遇、安全保卫、探亲等费用上适当放宽，会促进整个工程项目成本的控制。

4. 国外造价咨询工作与国内的区别

目前我国建设工程造价存在两种计价管理模式：定额计价和工程量清单计价。而工程量清单计价模式是国际上进行工程建设招投标活动的通用方式。本工程造价咨询工作较国内区别如下：

（1）进度款审核方面。

进度款采用量价分离的模式，审核工作确保准确度，这就导致进度款审核工作时间较短，异常紧张，工作上增加了一定的难度。

（2）结算审核方面。

工程结算是国内外造价咨询工作一个突出的不同点，海外工程在COD前结算工作必须完成，且支付到位，造成结算任务相当紧迫，这与国内先施工、完成后进行结算的方式不同。

（3）当地相关造价方面。

国内信息网络发达，使得造价信息及造价相关资料较易搜集；而在巴基斯坦则相对很困难，当地经济和网络落后，信息化程度不高，且材料较为匮乏、产能不高，故价格波动较大。本工程外出询价工作不仅受当地安全形势的影响，当地也缺少大型建材市场，且价格针对中国企业有一定幅度的上涨。建材市场的影响给一些新组价项目中需定价的材料或设备造成很大的困难，从而要做大量的市场调查工作。

（4）日常协调方面。

巴基斯坦时差较国内晚3个小时，与国内沟通、协调存在一定影响，结合施工过程中发生的问题，映射出投标报价中的隐性问题就是中标企业对国外项目经验的不足，过程中施工界面争执较多，安排工作异常困难，施工范围推诿扯皮一直持续整个施工期。

（5）咨询费用方面。

驻国外开展造价咨询工作，人员差旅费、驻外补贴至少是国内的 2 倍以上；且在巴进行造价咨询服务，税收接近国内的 5 倍；由于安全形势不好，人员保险也是考虑的一个方面；驻项目人员均为封闭式管理，部队警察巡逻驻守，安全费用需适当考虑。综上，整体国外费用较国内要高得多，造价咨询费用应较国内高出 3 ～ 5 倍。

（三）经验启示

（1）全面了解项目背景，预先识别项目风险。

全面了解项目背景是把握项目风险点、识别项目风险的基础。项目风险识别包括识别项目外部风险和内部风险。外部风险包括：政局稳定性、保护主义倾向等政治风险；济结构、通货膨胀、汇率等经济风险；法律差异、政策稳定性等法规风险；社会治安、文化差异、宗教信仰、语言差异等文化风险；自然灾害、地理位置等自然风险。内部风险包括技术风险、人员能力风险、业主资金风险、投标策略风险及合同风险等。通过调查了解项目背景，全面分析上述风险，把握项目风险点，建立风险预警机制，合理选择风险应对策略，是保证项目顺利实施、为业主方提供有效咨询服务的前提。

（2）组建满足项目需求的咨询团队，保证咨询队伍专业能力。

项目咨询行业属于知识密集型行业，咨询人员的能力对咨询质量至关重要。国际工程项目复杂且利益相关者众多，所需人员不仅要具备专业造价咨询能力，同时对其语言、应变、统筹协调等综合管理能力也提出了更高的要求。因此在组建项目队伍时，应综合考虑项目实施的实际需要，组建集专业造价咨询能力、项目经验、综合管理能力于一体的高素质咨询队伍。

附　录

附录一

电力造价咨询行业现行主要计价依据

类型	名称	编号
国家相关标准	工程量清单计价规范	GB50500-2013
	房屋建筑与装饰工程消耗量定额	TY01-31-2015
	市政工程消耗量定额	ZYA1-31-2015
	通用安装工程消耗量定额	TY02-31-2015
	城市综合管廊工程投资估算指标	ZYA1-12(10)-2015
	建设工程施工机械台班费用编制规则	
	建设工程施工仪器仪表台班费用编制规则	
	全国统一安装工程基础定额	GJD-206-209-2006
	城市轨道交通工程预算定额	GCG-103-2008
	城市轨道交通工程概算定额	GCG102-2011
	城市轨道交通工程投资估算指标	GCG-101-2008
	城市轨道交通建筑安装工程费用标准编制规则	
	市政工程设施养护维修估算指标	HGZ-120-2011
	市政工程投资估算指标	HGZ-47-101-109-2007
电力行业计价标准	电力工程计价依据适应营业税改征增值税调整过渡实施方案	定额〔2016〕9号
	电力工程计价依据营业税改增值税估价表	定额〔2016〕45号
	2016年版电力建设工程工程量清单计价和计算规范	DL/T 5745-2016
	2016年版20kV及以下配电网工程定额和费用计算规定	国能电力〔2017〕6号
	2015年版电网技术改造工程定额及费用计算规定	国能电力〔2015〕270号
	2015年版火力发电检修工程预算编制与费用计算规定	—
	2013版电力建设工程预算定额和费用计算规定	—
	西藏地区电网工程定额及费用计算规定	—
价格水平调整文件	关于发布海底电缆工程预算定额2016年度价格水平调整的通知	定额〔2016〕54号
	关于发布2013版西藏地区电网工程概预算定额2016年度价格水平调整的通知	定额〔2016〕53号
	关于发布2015版电网技术改造和检修工程概预算定额2016年下半年价格水平调整系数的通知	定额〔2016〕52号
	关于发布20kV及以下配电网工程预算定额2016年下半年价格水平调整系数的通知	定额〔2016〕51号
	关于发布2013版电力建设工程概预算定额2016年度价格水平调整的通知	定额〔2016〕50号
	关于发布2010版电网技术改造和检修工程预算定额2016年上半年价格水平调整系数的通知	定额〔2016〕26号
	关于发布2015版电网技术改造和检修工程概预算定额2016年上半年价格水平调整系数的通知	定额〔2016〕25号

类型	名称	编号
企业标准	新疆特殊风区电网工程施工增加费调整费率标准（试行）	
	大跨越输电线路工程补充定额等定额标准（试行）	
	海底电缆工程预算定额（试行）	
	国家电网公司输变电工程工程量清单计价规范（2015 版）	
	国家电网公司变电工程工程量计算规范（2015 版）	
	国家电网公司输电线路工程工程量计算规范（2015 版）	
	输电线路工程工程量清单计价计算规范使用指南	
	变电工程工程量清单计价计算规范使用指南	
	国家电网公司输变电工程造价分析内容深度规定	
	国家电网公司输变电工程通用造价(2014 年版)	
	南方电网 ±800KV 直流输电建设工程概算定额	Q/CSG11510
	南方电网 ±800kV 直流输电建设工程预算定额	Q/CSG11510

附录二

国际工程计价标准及规范性文件索引

序号	发布单位	标准名称	发布年份
1	国际咨询工程师联合会（FIDIC）	施工合同（红皮书）	1999
2		生产设备及设计——建造合同（黄皮书）	1999
3		EPC 与交钥匙合同（银皮书）	1999
4		简明合同格式（绿皮书）	1999
5	英国土木工程师协会（ICE）	新型工程合同（NEC3）	2005
6	英国皇家建筑师协会（RIB(a)）	房屋建筑合同范本（RIBA 范本）	1957
7	英国合同委员会（JTC）	房屋许可、建设与重建法（JCT98）	1998
8	爱尔兰皇家建筑师学会（RIAI）	RIAI 协议书条款	—
9		房屋建筑合同条件范本	—
10	英国土木工程师协会与英国土木工程承包商联合会	土木工程施工通用合同条件、投标书格式、协议书及保函（ICE 范本）ICE7	1999
11	英国咨询工程师学会（ACE）	海外土木工程合同条件（ACE 范本）	1956
12	国际咨询工程师联合会（FIDIC）和房屋建筑与公共工程联合会（FIEC）	土木工程施工合同条件（国际）（旧版"红皮书"）	1957
13	标准计量规则常任联委会（SJC）（由英国皇家特学测量师学会（RICS）和英国建筑业雇主联合会（BEC）联合组成）	英国建筑工程标准计算规则（SMM7）	1987
14	英国皇家测量师学会（RICS）	RICS 估价标准（红皮书）	2009
15		基建工程成本估算和成本计划订单（NRM1）	2012
16		详细资本建设计量办法（NRM2）	2012
17		（国际）建筑工程测量原理	1979
18		测量实践规范	2007

续表

序号	发布单位	标准名称	发布年份
19		施工合同通用条件（AIA-A201/CMa）	1976
20		编印总价协议书标准格式（AIA-A101）	1977
21		成本加酬金协议书标准格式（AIA-A111）	1978
22	美国建筑师协会（AIA）	业主与设计——建造承包商协议（AIA-A191）	—
23		承包商与分包商协议书标准格式（AIA-A401）	—
24		业主与建筑师协议书标准格式（AIA-B141）	1997
25		建筑师与专业咨询工程师协议书标准格式(AIA-C141)	—
26	欧洲发展基金会（EDF）	EDF 合同条件	—
27	香港建筑师协会、香港测量师协会、香港营造师学会联合编印	建筑工程合同标准格式	1968
28	香港联合合同委员会	香港特区房屋建筑协议及条件（私人版本附数量清单）	2005
29		土木工程通用合同条件	1990
30	香港特区政府	房屋建筑通用合同条件	1990
31		电气与机械工程通用合同条件	1990
32		建筑工程招标一般规定 DIN 1960	—
33	德国招标承包条例（VOA）	建筑工程招标一般合同条件 DIN 1961	—
34		建筑工程一般技术规范 DIN 1962	—

附录三

2016 年电力行业工程造价优秀成果获奖名单

成果序号	获奖等级	成果名称	申报单位	主要完成人
1	一等奖	造价分析十年管理创新	国家电网公司电力建设定额站	葛兆军、刘薇、温卫宁、任妍
2	一等奖	中国电力技术经济发展研究报告（2015）	电力规划设计总院	张健、郭玮、董士波、刘庆、黄成刚、孔亮、周慧、王建
3	一等奖	火电工程项目概算动态管理	中国电力企业联合会电力建设技术经济咨询中心	王素花、侯伟、黄成刚、王秀娜
4	一等奖	四川九江 500kV 输变电工程全过程造价管控	国网四川省电力公司、国网四川省电力公司建设管理中心	赵奎运、赵晓芳、罗辉、郑昭阳、钟瑛、苟全峰、陈霖、万明勇
5	一等奖	浙江桐乡 500kV 输变电项目全过程造价管理咨询	国网浙江省电力公司	柳雨晴、周耀钢、吴正清、易雁、张晓阳、徐华军
6	一等奖	500 千伏纵江（东纵）变电站工程施工结算审核	广东顶立工程咨询有限公司	梁志敏、黄东、刘劲风、林军
7	一等奖	西藏定额在其他高海拔地区应用研究	国网四川省电力公司	赵奎运、赵晓芳、董京营、何远刚、肖红、冯瀚、杜英、赵维波
8	一等奖	海底电缆工程预算定额	国网浙江电力建设定额站	刘薇、丁伟伟、黄成刚、吴海飞、王丽
9	一等奖	国家电网公司电电网工程造价标准体系框架建设研究	国家电网公司电力建设定额站	葛兆军、刘薇、傅剑鸣、夏华丽、汪景
10	一等奖	基建项目赢得值管理方法研究及应用	广东电网发展研究院有限责任公司	谈永国、刘刚刚、陈铭、胡晋岚、孙昱
11	一等奖	电网工程图形算量系统	国网山东省电力公司经济技术研究院、广联达软件股份有限公司	苗培青、屠庆波、靳书栋、郝铁军、刘宏志、樊海荣、王霄燕、李彦

续表

成果序号	获奖等级	成果名称	申报单位	主要完成人
12	一等奖	火力主体工程施工招标与计价标准体系	中国华电集团电力建设技术经济咨询中心	郭玮、秦丰、张智勇、任长余、韩建轮、杨显敏、熊晓霞、黄群
13	一等奖	500kV宁州变电站工程施工图设计预算书	广西中宇工程咨询有限公司	吴郁生、雷捷峇、陈勇、谢志平、覃健
14	一等奖	输变电工程造价风险防控技术研究	国网江苏省电力公司经济技术研究院	王朋、方向、刘婷、张旺、孙海淼
15	一等奖	光伏地面电站安装工程定额	国华能源投资有限公司造价中心	李大钧、朱晓松、蒋昌盛、刘丽荣、王延锋
16	二等奖	火电工程限额设计参考造价指标（2015年水平）、电网工程限额设计控制指标（2015年水平）	电力规划设计总院	张士宏、杨健、杨庆学、左宏斌、冉巍
17	二等奖	国网工程设备材料信息总价发布（2015）	国家电网公司电力建设定额站	温卫宁、张新洁、闫炜阳、范蒙、丹、吴卓平、江期文
18	二等奖	四川寿丰220kV输变电工程各阶段造价管理	国网四川省电力公司、国网德阳供电公司	赵奎运、赵晓芳、青松、温达伟、谢冬梅、杜英
19	二等奖	输变电工程保险费计列与使用研究	国网浙江电力建设定额站	傅剑鸣、夏华丽、梁檬、丘凌、童军
20	二等奖	500千伏陈家桥变电站扩建二期工程	国网重庆市电力公司经济技术研究院	沈曦、岳杨、刘正奉、王丽、李周
21	二等奖	广西电网公司2013年农网改造升级工程第一批项目结算审核报告书及施工结算书	广西中宇工程咨询有限公司	吴郁生、唐顺华、杨有能、杨丽莉、李劲兴
22	二等奖	国家电网公司输变电工程通用造价±800kV直流输电工程（8000MW）分册（2015年版）	国家电网公司电力建设定额站	苏朝晖、左宏斌、王劲、康魏、唐易木
23	二等奖	基建工程初步设计概算精益管理研究	国网四川省电力公司、国网眉山供电公司	赵奎运、赵晓芳、李伟、吕毅、杨江军、王隽梅
24	二等奖	山东高青500KV输变电工程	江苏正中中国际工程咨询有限公司	管光耀、许伟、杨玉香、蒯建华

续表

成果序号	获奖等级	成果名称	申报单位	主要完成人
25	二等奖	四川凉山地区35kV输变电工程造价分析报告	国网凉山供电公司	甘洪、肖雯、陶翠菊、杨玺、魏科、李治兵
26	二等奖	技改工程全过程投资控制模块化管理指标体系研究	中国电力企业联合会电力建设技术经济咨询中心	卢玉、吕红霞、韦冬妮、王美玲、刘彤
27	二等奖	国家电网公司输变电工程通用造价1000kV输变电工程分册（2015年版）	国家电网公司电力建设定额站	丁广鑫、杨健、王薇、刘微、张宝财
28	二等奖	输变电工程财务评价方法研究	国网四川省电力公司经济技术研究院	杜英、荀全峰、郭林、余光秀、王超、周飞
29	二等奖	舟山蓬莱（岱山）沈家湾110kV输变电工程	浙江鼎晟工程项目管理有限公司	童汝俊、李肇定、朱泽、宋洋、吴海飞
30	二等奖	安全稳定控制系统工程项目划分及计列原则研究	国网浙江电力建设定额站	陈锡祥、丁伟伟、丁腾波、刘宏波、李慧
31	二等奖	主网项目造价水平分析方法研究	广东电网发展研究院有限责任公司	谈永国、侯凯、高晓彬、陈铭、万祥、秦
32	二等奖	20kV及以下配电网工程勘察和设计费专题研究	国家电网公司电力建设定额站	刘薇、刘强、卢玉、刘江敏、闫徽
33	二等奖	输电线路工程全过程机械化施工比选分析报告	国网福建省电力有限公司、福建省送变电工程有限公司	陈诺、曾寿建、张铮林
34	三等奖	20kV及以下配电网工程前期工作费专题研究	国网江苏电力建设定额站、南通电力设计院有限公司	刘毅、宗强、李健东、尹虹、陆文娟
35	三等奖	20kV及以下配电网工程设计文件评审费专题研究	国网陕西电力建设定额站	许子智、刘薇、杨洪源、薛晓军、杨玉群、孙杨
36	三等奖	2015年输变电工程技术经济指标分析	国网北京经济技术研究院	刘薇、温卫宁、任妍、商鑫
37	三等奖	电子城110kV变电站	国网北京市电力公司朝阳供电公司	吴欣、安红珥、赵光辉、张明
38	三等奖	焦作电厂上大压小异地扩建工程施工图预算	山东信用工程建设监理有限公司	杨艳春、杨连熙、倪文和、卢凯

续表

成果序号	获奖等级	成果名称	申报单位	主要完成人
39	三等奖	220kV角布输变电工程	广东曦达工程咨询有限公司	黄艳、钟春艳、曾唐军、江贵珍
40	三等奖	笠里（福州西）一东1台双回500kV线路及配套通信工程施工竣工工程结算	福建闽电电力技术经济咨询有限公司	潘苏琴、邹美华、宋九飞
41	三等奖	220kV楚渡变电站预算书	广西中宇工程咨询有限公司	吴郁生、薛健、杭祖京、陈宇权
42	三等奖	广东台山核电一期送出500千伏输变电工程（施工工费）结算审核	广州颢天工程顾问有限公司	陆启光、吴艳青、张军霞、汤微
43	三等奖	重庆地区电缆隧道对应造价研究	重庆市电力建设定额站	崔荣、朱辉、李红娟、廖家文
44	三等奖	电网工程建设决策评估及反馈评价体系研究开发与系统开发	国网福建省电力有限公司经济技术研究院	陈卫东、曾聪、张铮林、吴慧莹
45	三等奖	四川高海拔地区电网工程技术经济指标研究	国网四川省电力公司	赵奎运、赵晓芳、董京营、何远刚
46	三等奖	国网甘肃省电力公司输变（配）电工程造价控制线	国网甘肃省电力公司	包权宗、丁政中、蔡震、孙永彦
47	三等奖	输电工程电力架线无人机经济性研究	国网陕西电力建设额站	许子智、刘微、高旭、李晓兵
48	三等奖	不同工况下输电线路单位工程量造价指标分析	国网山东电力建设定额站	樊海荣、耿庆申、王宁宁、刘珑
49	三等奖	电网工程建设项目前期工作费研究	国网上海市电力公司、上海电力设计院有限公司	穆松、王玖凯、季咏梅、秦杰
50	三等奖	荆门化工园220kV变电站工程	国网湖北省电力公司	刘玲娜、王志平、廖晓红、杨林
51	三等奖	技经管理自评价体系建设	国网四川省电力公司	赵奎运、赵晓芳、董京营、何远刚
52	三等奖	陕西定边330千伏输变电工程竣工结算	陕西电建工程咨询有限责任公司	杨栎、王鸣鹤、丰中谊、李巧娥
53	三等奖	兴华110kV变电站外电源电力隧道工程	国网北京市大兴供电公司	张波、于国、任晓龙、王超
54	三等奖	电网工程造价分析数据常态化管理研究	国网山东省电力公司经济技术研究院、江西博微新技术有限公司	刘宏志、屠庆波、李彦、韩义成
55	三等奖	国网甘肃省电力公司输变电工程招标工程量清单标准范本	国网甘肃省电力公司	包权宗、刘忠、丁政中、常有亮

附录四

2016 年电力行业工程造价优秀论文获奖名单

成果序号	获奖等级	论文题目	第一作者单位	作 者
1	一等奖	电网工程造价指数体系构建及相关性研究	电力规划设计总院	叶子宛、吕世森、张健、唐易木
2	一等奖	国家电网公司电力建设定额站发展研究	国家电网公司	葛兆军、刘薇、夏华丽
3	一等奖	输变电工程造价合理性评价方法研究	中国南方电网有限责任公司	陈洁、侯凯、高晓彬、
4	一等奖	兼容 CPI 的电网工程全寿命周期成本新方法研究及应用	国网上海市电力公司，上海电力设计院有限公司	穆松、王涛、季咏梅
5	一等奖	电网工程投资的影响因素分析及预测	国网天津市电力公司	季立伟、杨丽萍、费改英
6	一等奖	输电线路全过程机械化施工技术经济分析	国网福建省电力有限公司经济技术研究院	许超晨、林端宗、曾寿建、邹颖
7	一等奖	基于作业成本法的无人机架线应用成本效益研究	国网陕西省电力公司经济技术研究院	孙斌、杨玉群、王敏
8	一等奖	基于 EEMD-BP 的输变电工程造价不确定因素预测	国网北京经济技术研究院	王晓晖、温卫宁、卢艳超、徐丹
9	一等奖	高海拔地区电网工程计价标准研究	国网四川省电力公司	赵奎运、刘薇、杨雷、郭金额
10	一等奖	基于混合高斯分布模型的造价控制线确定方法研究	电力规划设计总院，中国南方电网有限责任公司	叶子宛、陈洁、易超、该永国
11	一等奖	典型发电工程造价指数体系研究	广州供电局有限公司系统规划研究中心、广东省电力设计研究院技经咨询部	王志会、陈凯、鎏海峰、周慧
12	一等奖	架空输电线路工程通用造价深化	国家电网公司，国网北京经济技术研究院	刘薇、汪亚平、何波
13	一等奖	BIM 技术下电网工程造价管理模式及应用建议研究	国网山东省电力公司经济技术研究院	刘宏志、屠庆波、樊海荣、顾爽

续表

成果序号	获奖等级	论文题目	第一作者单位	作 者
14	一等奖	基于 PCA-ISM 的电网工程造价影响因素驱动分析模型	国网四川省电力公司	赵晓芳、陈晋勇、何璞玉
15	一等奖	基于两种分析方法的 20kV 及以下配电网工程勘察和设计费用水平研究	国家电网公司	刘薇、刘江敏、卢玉
16	一等奖	南方电网配网工程造价水平分析方法研究	中国南方电网有限责任公司	陈洁、刘刚刚、陈铭
17	一等奖	输变电工程造价控制指标动态调整模型研究	国网北京经济技术研究院	任妍、温卫宁、陈天旻
18	一等奖	工程量清单计价模式下企业定额的研究	国网四川省电力公司经济技术研究院	杨海燕、赵奎运、程晓雁
19	一等奖	电网设备检修多维度辅助投资策略研究	国网浙江省电力公司经济技术研究院	俞敏、沈洁、史鹏伟、崔鹏程
20	一等奖	由藏中联网及拉林铁路配套电力工程涉工地运输在电力工程造价中的控制与管理	四川电力设计咨询有限责任公司	苑金海、徐文进
21	二等奖	基于数据包络分析法的工程造价管理效率评价与实证研究	国网浙江省电力公司	丁伟伟、夏华丽、方景辉
22	二等奖	变电工程隔离式断路器安装定额测定分析	国网冀北电力有限公司经济技术研究院	耿鹏云、王鑫、王绵斌
23	二等奖	关于电网工程设备材料信息价发布使用优化改进的思考	国网物资有限公司	王术杰、吴卓平、孙扬、张国
24	二等奖	关于电力通道工程密注浆技术综合单价组价探讨	国网四川省电力公司成都供电局	黄曦、周鑫
25	二等奖	特高压线路投标报价主要影响因素及其敏感性分析	山东电力工程咨询院有限公司	马江涛、杨仲吕、尹彦涛
26	二等奖	影响电力建设工程造价的人为因素识别及评估	国网青海省电力公司经济技术研究院	卫周松、华生萍、杨蒲寨婷、祁尚前
27	二等奖	基于 PDCA 循环的全过程经营管理巡检模式	国网北京电力公司经济技术研究院	武晓堃、钟迪
28	二等奖	基于云模型的智能变电站建设项目综合评价研究	国网宁夏电力公司经济技术研究院	肖艳利

续表

成果序号	获奖等级	论文题目	第一作者单位	作者
29	二等奖	输变电工程建设全过程造价目标管控偏差分析	国网陕西省电力公司经济技术研究院	徐文婷、冯亮、张东海
30	二等奖	户外GIS变电站直垂出线方式技术经济分析	浙江省电力公司台州供电公司经研所	洪胜、林荣
31	二等奖	输电线路工程造价合理性的ANN-FCE评价研究	国网四川省电力公司经济技术研究院	苟全峰、王超
32	二等奖	直流输电工程现场签证项目基础资料编制规范性研究	国家电网公司直流建设分公司	张昉
33	二等奖	浅谈非开挖水平导钻施工与计价定额	国网浙江省电力公司绍兴供电公司	邢琦、张璐
34	二等奖	电网建设工程全过程造价循环优化管控体系研究	国网陕西省电力公司经济技术研究院	任欣、张东海、徐文婷
35	二等奖	"营改增"对电网工程造价的影响	中国南方电网有限责任公司超高压输电公司	申安、孟利宾、陈志鼎
36	二等奖	电网工程造价数据分析中的悖论探讨	广东电网发展研究院有限责任公司	胡晋岚、陈铭、姜玉梁
37	二等奖	基于蒙特卡洛模拟仿真的输电线路造价控制线研究	湖南华杰工程咨询有限公司	韩智忠
38	二等奖	输变电工程工程量清单中的不平衡报价解析	国网四川省电力公司经济技术研究院	万明勇、张冀媛、胡丹
39	二等奖	浅析"不平衡报价"对火力发电工程造价的影响	上海电力安装第二工程公司	廖子豪
40	二等奖	基于SVM预测模型的特高压输电线路工程量影响因素预测分析	中国能源建设集团广东省电力设计研究院有限公司	林廷康、叶芑慧
41	二等奖	电网项目经济效益评价机制在投资决策中的应用与思考	广东电网发展研究院有限责任公司	韩泽、周妍、秦燕
42	二等奖	敞开式Φ8.5mTBM设备机械企业内部定额台班费编制方法	中国水利水电第三工程局有限公司	马骏、刘杨晋杰、顾翠岭
43	二等奖	特高压输变电工程主要设备材料信息价研究	国网北京经济技术研究院、国网电网公司	陈立、刘薇、张宝财
44	二等奖	"十二五"期间输变电工程造价分析工作研究	国网四川省电力公司、国网四川省电力公司经济技术研究院	赵奎运、周萍、赵晓芳

续表

成果序号	获奖等级	论文题目	第一作者单位	作 者
45	二等奖	物元可拓评价方法在输变电工程中的应用研究	中国电力工程顾问集团西南电力设计院有限公司	王寒梅、赵奎运、赵晓芳
46	二等奖	OPGW光缆价格信息价的研究与实证	国家电网公司、国网北京经济技术研究院	刘薇、崔万福、龚凯琳
47	二等奖	赢得值法在电网项目管理中的应用研究	中国南方电网有限责任公司	陈洁、刘刚刚
48	二等奖	分部组合估价法在220kV串联补偿成套装置设备估价中的应用	云南电网有限责任公司	赵伟杰
49	二等奖	高海拔变电工程造价波动机理分析及智能预测研究	国网四川省电力公司经济技术研究院	杜英、王信、余光秀
50	三等奖	基于施工图预算管理的输变电造价管控指标研究	上海电力设计院有限公司	范磊磊、季咏梅、穆松
51	三等奖	宏观经济变量对输变电工程造价的影响研究	国网北京经济技术研究院	郑燕、温卫宁、张戈力
52	三等奖	基于回归分析法和工作量测算法的配电网工程设计文件评审费计费标准研究	国网陕西省电力公司经济技术研究院	孙杨、杨玉群、任欣
53	三等奖	电网工程造价标准体系框架建设研究	国网浙江省电力公司	汪景、夏华丽、丁伟伟
54	三等奖	电网建设项目造价全过程管控评价体系研究	北京市电力公司	张波、张昊昱、曲辉
55	三等奖	特高压交流输电线路工程岩石锚杆基础施工费用研究	国家电网公司交流建设分公司	张崇涛、王美玲、陈广
56	三等奖	电网技改工程全过程投资控制指标体系研究及趋势外推预测	国网宁夏电力公司经济技术研究院	刘小敏、于波、韦冬妮
57	三等奖	10kV配电变压器更换工程造价影响因素分析	国网新疆电力公司经济技术研究院	朱明明、刘芳、门艳
58	三等奖	重庆地区架空线路施工占用地赔偿面积计算方法探索	国网重庆市电力公司	康朋、刘瑜、黄清辉
59	三等奖	输电线路挖孔基础爆破施工成本分析	安徽送变电工程公司	罗继红
60	三等奖	基于浙江舟山多端柔性直流输电工程的"双审"联动模式研究	国网浙江省电力公司舟山供电公司	吴海飞、邹业清、赖威

续表

成果序号	获奖等级	论文题目	第一作者单位	作者
61	三等奖	"营改增"对输变电工程造价影响分析	国网河南省电力公司经济技术研究院	邵水刚、徐京哲、翟育新
62	三等奖	基于输变电工程结算大数据分析的造价管理评价	国网山东省电力公司	侯方洁、刘克、李红
63	三等奖	输电线路工程典型技术方案选取方法及造价控制指标研究	国网陕西省电力公司经济技术研究院	邓怡卿、王晟杰、杨玉群
64	三等奖	基于数据挖掘技术的"十二五"期间四川电网工程造价控制研究	国网四川省电力公司经济技术研究院	周洋、胡林、李娅坤
65	三等奖	基于QlikView电力工程设备材料价格信息系统应用研究	国网湖南省电力公司长沙供电分公司	张哲维、李祚涛
66	三等奖	厦门柔性直流输电科技示范工程技术经济分析	国网福建省电力有限公司经济技术研究院	林瑞宗、吴佳洁、许超晨
67	三等奖	对电网工程全生命周期造价管理的思考	云南电网有限责任公司曲靖供电局	陈微
68	三等奖	贵州电网公司10kV台架变标准化建设造价分析	贵州电网有限责任公司	肖勋、舒兰、尹志翔
69	三等奖	电力工程变更管理阐述及实例分析	广西电网有限责任公司南宁供电局	伍如菊
70	三等奖	总承包项目全过程造价管理及其控制策略探讨	深圳供电局有限公司	周亚敏
71	三等奖	浅析如何将工程造价管理从被动控制向主动控制转变	云南银塔电力建设有限公司	孙亮亮
72	三等奖	输变电工程中征地、房屋拆迁和林木青苗补偿的涉税问题探讨	国网四川省电力公司建设管理中心	吕智敏
73	三等奖	输电线路机械化施工与造价分析研究	国网北京电力公司	张波、董鑫、李姗娜
74	三等奖	火电工程项目概算动态管理研究	大唐三门峡电力有限责任公司	王素花、侯伟、张娜
75	三等奖	高寒山区堆石坝土石方运输成本探讨	中国水利水电第三工程局有限公司	杨炳强
76	三等奖	浅谈标准化在配电网工程及造价管理中的应用	国网重庆市电力公司、国网重庆市区供电公司	杨蕴华、程刚、陈杰、王嫣

续表

成果序号	获奖等级	论文题目	第一作者单位	作 者
77	三等奖	消耗量定额在电力工程工程量清单计价中的应用研究	湖北省恩施永扬水利电力勘测设计有限责任公司	何小萍
78	三等奖	电网工程结算存在问题分析及应对策略	国网天津市电力公司经济技术研究院	袁海洲、翟树军、胡本哲
79	三等奖	探析如何加强农网工程建设技经管理要素体系管控	辽宁省送变电工程公司	姚航、史哲
80	三等奖	基于最优尺度回归的电网工程设备材料信息价影响因素分析	国网北京经济技术研究院	闫炜阳、李龙飞、崔万福
81	三等奖	关于城农网项目施工、监理招标采取框架协议采购模式的探讨	云南电网有限责任公司玉溪供电局	代建明、徐富平、黄云贵
82	三等奖	浅析输变电工程清单招标对造价管控的影响	国网四川省电力公司建设管理中心	钟读
83	三等奖	浅析"营改增"对电力建设工程造价及电力施工企业的影响	上海电力安装第二工程公司	李林
84	三等奖	新型百万级煤电机组造价与经济评价分析	电力规划设计总院	易超、卓伟宏、叶子菀、郭海峰
85	三等奖	浅谈水电工程项目的变更管理与控制	中国电建集团海外投资有限公司	袁莉
86	三等奖	印度尼西亚某燃煤电站投资开发中财务模块的编制及应用	中国电建海外投资有限公司	陈琛
87	三等奖	电网技改工程投资控制效果评价的研究方法探讨	国网宁夏电力公司经济技术研究院	韦冬妮、刘小敏、于波、俱鑫
88	三等奖	泥沼地区现浇基础机械化施工与常规施工的成本趋势分析	国网江苏省电力公司扬州供电局	祝琳、仇俊锋、钱锋
89	三等奖	浅谈全寿命周期造价管理在电力工程造价管理中的应用	内蒙古电力公司	常虹
90	优秀奖	电网工程工程量清单计价的问题分析及改进研究	国网安徽省电力公司经济技术研究院	朱晓虎、姚兰波、刘士卒
91	优秀奖	浅析设计院为主体的EPC总承包成本控制	国网冀北电力有限公司经济技术研究院	吕科、王鑫、耿鹏云
92	优秀奖	特高压交流工程投资管理效率效益提升策略	国家电网公司交流建设分公司	陈广、李媛媛、张宝财

续表

成果序号	获奖等级	论文题目	第一作者单位	作者
93	优秀奖	基于工程造价管理的项目组合决策体系的构建	中国电力建设集团海南电力设计研究院	李江帅、王嘉丽
94	优秀奖	对于新形势下电力工程造价控制分析	云南省送变电工程公司	姚建国
95	优秀奖	输变电工程技术经济指标体系深化	国家电网公司、国网北京经济技术研究院	刘薇、任妍、商粲
96	优秀奖	水利水电工程施工阶段全过程造价管理分析	中国水利水电第十四工程局有限公司	张应盛、朱仁杰、刘加龙
97	优秀奖	浅谈水电工程EPC模式下利于业主的造价管理	中国水电顾问集团新平开发有限公司	殷金平
98	优秀奖	天津输变电工程质量项目造价预测模型研究	国网天津市电力公司经济技术研究院	胡本哲、翟树军、袁海洲、季立伟
99	优秀奖	特高压交流工程建设造价管控风险点梳理与对策研究	国家电网公司交流建设分公司	李媛媛、田洁、陈广
100	优秀奖	工程量清单计价模式下电力工程造价管理浅谈	云南电网有限责任公司临沧供电局、云南电网有限责任公司临沧镇康供电局	王汝俊、夏青山、赵金美
101	优秀奖	基于BP神经网络的变电工程造价分析模型研究与预测	成都城电电力工程设计有限公司	杨雷、肖猛
102	优秀奖	浅谈变电站施工项目成本管理策略	四川电力送变电建设公司	唐海平
103	优秀奖	1000kV变电站土建工程造价控制	上海电力建筑工程公司	张友兵
104	优秀奖	核电工程造价管理的几点体会	山东电力建设第一工程公司	曹爱丽
105	优秀奖	工程量清单计价模式下如何优化投标报价策略	中国水利水电第十三工程局有限公司	李天鑫
106	优秀奖	新工艺、新技术下送电线路工程施工临时占地面积分析	辽宁省送变电工程公司	黄铁明、袁志俭
107	优秀奖	木坡水电站引水系统总价承包模式的探析	四川小金川水电开发有限公司、华能澜沧江水电股份有限公司	付亮、韩庆
108	优秀奖	我国电力工程全面造价管理探究	中国电建海外投资（昆明）有限公司	吴相双
109	优秀奖	PPP项目建设成本控制措施	山东电力建设第一工程公司	王婧

续表

成果序号	获奖等级	论文题目	第一作者单位	作者
110	优秀奖	浅谈电力工程管理中存在的问题及改进措施	中国水利水电第四工程局有限公司	侯娟、冯顺萍、陈飞
111	优秀奖	风力发电工程建设的造价控制及管理探析	大唐华银电力股份有限公司三级财务管理中心	颜秀兰
112	优秀奖	考虑地质条件约束的220kV变电站配电装置选型技术经济论证研究	国网安徽省电力公司	姚兰波、徐翔、沈思
113	优秀奖	工程造价管理动态评价方法探究	国网吉林省电力有限公司吉林供电公司	国方媛
114	优秀奖	浅谈电力施工企业物资采购与成本控制	云南省电力物资公司	杨祖瑜 宋祖聪 李林易
115	优秀奖	"营改增"对电网施工企业的税负影响分析	山东电力工程咨询有限公司	翟绘景、耿庆申、陶喜胜
116	优秀奖	EPC模式下抽水蓄能工程BIM应用研究	国网新源控股股份有限公司	张云飞、肖程宸
117	优秀奖	工程量清单管控新机制研究	国网陕西电力公司	姚普及、徐文婷、张东海
118	优秀奖	输变电工程项目结算中工程签证建议	广东顶立工程咨询有限公司	林军、谢志梅
119	优秀奖	风力发电项目工程建设变更管理造价控制及实施	湖北中锦腾达工程造价咨询有限公司	易宁